기적의

네모네모 로직

nemonemo logic

테츠야 니시오 편저

nemonemo logic Vol. 1

Contents

nemonemo logic Vol. 1

네모네모 로직 실전 풀이법

설명의 순서대로 한번만 따라 칠해보면 로직해법을 마스터할 수 있습니다!

한번만 따라하면 해법이 머리에 쏘옥~

직접 네모 속에 칠해 주세요!

자! 펜을 들고 따라해 봅시다!

■ 기본 규칙

- 숫자는 연속해서 칠할 수 있는 칸 수를 의미한다.
- 여러 개의 숫자가 함께 있을 때는, 숫자와 숫자 사이에 반드시 한 칸 이상을 띄고 칠해야 한다.
- 칠할 수 없는 칸은 X로 표시해 두자.
- 완성된 숫자는 O로 표시해 두자.

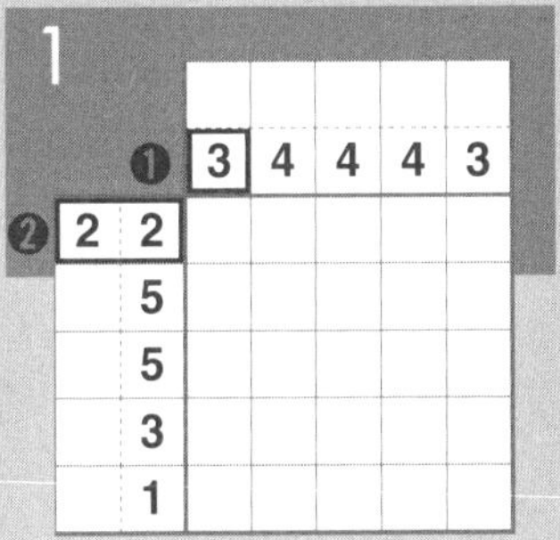

일단 문제를 보자. 문제의 크기는 5X5이다.

❶ 위쪽의 3은, 한 줄인 다섯 칸 중에서 세 칸이 연속해서 칠해져야 한다는 뜻이다.

❷ 왼쪽의 2, 2는 두 칸을 칠한 후, **한 칸 이상을 띄고** 다시 두 칸을 칠해야 한다는 뜻이다.

왼쪽의 5는 다섯 칸이 연속해서 칠해져야 하니 다섯 칸을 모두 칠하고, 완성된 5에 ○로 표시해 두자.

위쪽의 3은, 세 칸이 연속해서 칠해져야 하니 맨 밑줄은 칠할 수 없게 된다. X로 표시해 두자.

잠깐!

이 경우, 세 칸을 연속해서 칠할 수 있는 경우는 A, B 두 경우이다. 그러므로 칠할 수 없는 마지막 칸은 X로 표시한다.

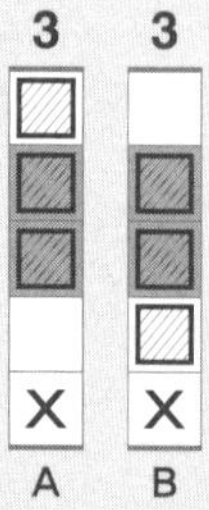

위쪽의 4는, 네 칸이 연속해서 칠해져야 하니, **경우의 수를 따져보면** 네 번째 줄은 모두 칠해지게 되어있다.

잠깐!

이 경우, 네 칸을 연속해서 칠할 수 있는 경우는 A, B 두 경우이다. 여기서 네 번째 칸은 무조건 칠해진다.

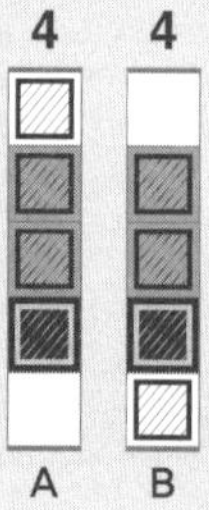

이렇게 되면, **왼쪽의 3이 완성**된다. 완성된 3에 ◯로 표시해 두고, 네 번째 줄의 양 옆을 X로 표시해 두자.

위쪽의 3을 다시 보자. 네 번째, 다섯 번째 줄이 X로 표시되어 있으니, 자연스럽게 **첫 번째 줄을 칠해야 3이 완성**된다. 완성된 3에 ○로 표시해 두자.

왼쪽의 2는 두 칸이 연속해서 칠해져야 하니, 두 번째 칸과 네 번째 칸을 칠해야 2가 완성된다. 세 번째 칸은 X로 표시하고, 완성된 2에 ○로 표시해 둔다.

이렇게 되면 위쪽의 두 번째, 네 번째 4가 완성된다. 완성된 4에 ○로 표시해 두고, 맨 밑줄을 X로 표시해 둔다.

자, 이제 남은 것은 위쪽의 4와 왼쪽의 1이다. **맨 밑줄의 남은 한 칸을 칠하면**, 위쪽의 4이자 왼쪽의 1이 완성된다.

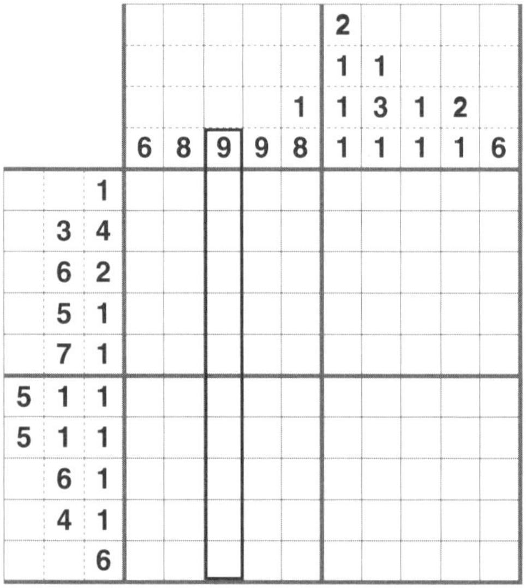

잠깐!

네모 로직의 문제 크기가 큰 경우, **큰 숫자부터 공략하는 것**이 효과적이다.

표시된 줄을 살펴보면,
한 줄인 열 칸 중에서 아홉 칸이 연속해서 칠해져야 한다.
전체 칸 수(10) − 해당 칸 수(9) = **빈 칸 수(1)**를 이용하면 경우의 수를 쉽게 풀 수 있다. 여기서는 1이 나왔으니 **위아래 한 칸씩**을 비우고 가운데 여덟 칸을 칠한다.

중요한 로직 풀이 Tip!

문제의 크기가 큰 로직 중에는 위의 설명만으로 해결되지 않는 것이 있다. 그럴 때 이것만 기억해 두면 손쉽게 풀 수 있다.

위에서부터 칠했을 때와 **아래에서부터 칠했을 때**를 생각한 후 **겹쳐지는 칸**이 어디인지를 찾는다. 점을 찍어가며 생각하면 편하며, 이때 숫자의 순서는 반드시 지킨다.

① 한 칸에 점을 찍고, 한 칸 띄고 6칸에 점을 찍는다.
② 뒤에서부터 6칸에 점을 찍고, 한 칸 띄고 한 칸에 점을 찍는다.
③ 겹치는 부분을 찾아 칠한다.

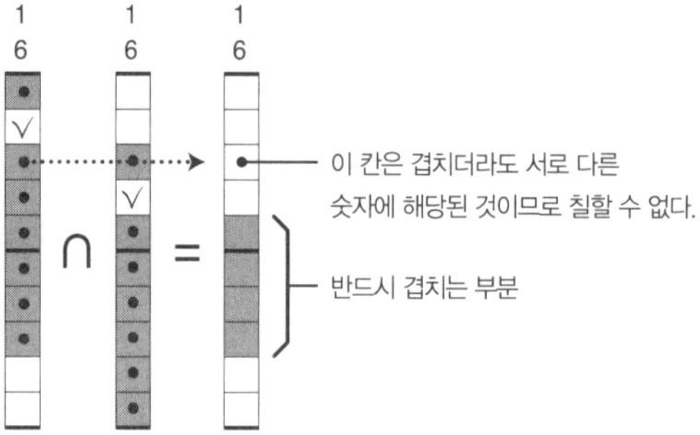

본격적인 문제 풀이에 앞서 워밍업 문제를 풀어 볼까요?

갑자기 정전이 되면 필요해요

								1		1			1	
					5		2	3	2	3	2	6	3	6
					3	10	2	1	1	1	2	3	2	3
			3	5										
		3	2	1										
		2	1	3										
		2	3	3										
	2	1	1	3										
2	1	1	1	1										
		2	1	1										
		4	3	1										
			2	3										
			2	3										

촉촉한 ○○

										2	2	
				1	5	5	4	2	2	2	2	
			7	6	2	2	2	3	4	2	2	7
		7										
		8										
	5	1										
1	3	2										
	4	2										
2	1	1										
2	2	1										
2	2	2										
		9										
		7										

>>> 워밍업 문제는 독자님들의 이해를 돕기 위해 제우미디어가 준비한 문제입니다.
해답은 158p에 있습니다.

NemoNemo Logic Vol. 1

PART A

SIZE : 10×15 15×15 15×20

A01 눈썹 없는 미인

					1		1	6		
		3	6		1	1	3	4		
	4	2	1	11	4	4	2	2	14	8
4										
1 2										
1 2										
1 2										
1 2										
2 2										
1 1										
2 2										
3 3										
9										
9										
10										
1 1 1 2										
2 4										
3 4										

A02 옛날에는 이걸 타고 장가를 갔다지

					1									
	3	1			1									
2	6	1	11		1			4		4				
2	1	6	1	15	5	4	4	1	8	1	8	7	1	2

			2
			5
		2	2
			6
			2
		3	3
	3	1	1
			12
			12
			12
			12
2	2	1	2
2	1	1	1
1	1	1	1
	1	2	4

A03 이것은 멀리하는 것이 최선!

Column clues (top to bottom):

1	2	3	4	5	6	7	8	9	10	11	12	13	14	15
			3	5	2	2		2	2	5	4			
2	3	4	3	2	4	3	8	3	4	3	2	3	3	2
2	4	4	3	3	4	3	2	4	5	2	3	4	4	2

Row clues (left to right):

				5
				7
		2	1	2
		2	1	2
				9
			2	8
		3	5	2
4	1	1	1	3
			3	5
			4	4
				6
		2	6	2
			6	7
			5	6
			3	3

A04 술고래 아빠 코는? 그런데 코와 과일과는 어떤 관계지?

					2		4							
		4	3	2	2		2		5					
	8	3	3	9	2	4	1	5	1	6	7	2	2	
6	1	3	5	1	3	9	1	6	1	3	1	7	2	1

			2
		4	2
		7	2
		2	6
		3	6
	2	1	5
		6	5
	1	4	3
	4	3	4
	3	5	2
	7	3	1
2	2	3	3
		7	3
	1	2	4
			7

A05 차표가 없으면 벌금이 30배!

			2	2					2	2				
	2	2	2	2	2	2	2	2	2	2	2	2		
	2	2	2	2	2	7	7	2	2	2	2	2		
1	2	1	2	1	1	1	1	1	1	2	1	2	1	
2	2	2	1	1	1	1	1	1	1	1	2	2	2	5

				12
				12
				0
				12
				12
				2
		1	2	1
2	2	2	2	3
	2	2	2	1
			2	1
		1	1	1
	1	1	1	2
		2	8	2
			2	2
				10

A06 슈퍼마리오 시리즈에서 자주 등장했던 모양인데…

Column	Clues
1	2 3 2
2	1 2 1 1 1 1 2
3	2 1 1 1 1 2 1
4	1 2 1 1 1 3
5	2 3 2
6	15
7	13
8	13
9	6 4
10	3 3
11	1 1 1
12	1 2 1 1
13	2 1 2
14	3 3
15	5 5

Row	Clues
1	3 1 5
2	1 3 3
3	1 1 4 2
4	9 1
5	1 6 1
6	3 5 1
7	1 6 1
8	9
9	1 4
10	3 5 1
11	1 8 1
12	10 1
13	2 4 2
14	1 1 3 3
15	2 1 5

A07 예쁜 아가씨가 들고 있는 것은 무엇일까?

						1	2							
			1	2	2	2	1		2				1	
	6		2	1	1	1	1	1	1	2	2	2	3	
1	2	4	1	1	1	1	1	8	2	1	1	2	4	2
1	1	1	1	1	1	3	1	1	2	3	2	1	1	11

	1	2	3	2
1	2	1	4	1
		1	2	6
	1	1	1	2
	1	3	1	2
		2	1	1
		7	1	2
		2	2	3
		2	2	3
			8	2
				1
			7	1
		1	1	1
		1	3	1
				7

A08 밤의 신사를 아시나요?

			1		2		1							
		2	1	1	1	1	1	2			3		2	
		1	2	3	1	3	2	1	7		1		1	
4	9	2	2	3	3	1	1	4	4	9	5	9	2	5

		1	1
			8
	1	1	2
1	1	1	2
	1	1	3
		4	6
2	2	2	4
2	3	2	2
		2	5
2	1	1	1
		2	6
3	2	2	1
	3	2	4
		6	3
	1	1	2

A09 이 몸을 불살라 세상의 빛이 되리!

							6	5	3	2	3	2	2					
					3	6	1	1	5	1	1	4	5	6				
				4	2	1	1	1	1	1	1	1	2	4	5	3	1	1
			8															
			9															
		5	3															
		4	3															
		4	3															
		4	3															
		3	2															
	2	1	2															
	1	1	1															
	1	1	1															
			3															
	4	1	4															
2	1	1	2															
	1	1	1															
		1	1															

A10 하늘 천, 따 지… 가마솥에 누룽지… 아닌가?

								3	2			3		
	2			2				1	1	2	2	1		
3	1	3		1			2	1	1	1	1	1	2	1
3	1	3	2	1	3		1	3	1	3	1	1	1	1
4	1	6	1	2	3	2	3	1	1	2	1	1	3	2

			1	1
			1	3
		2	2	2
	2	1	1	1
	1	2	2	2
		4	1	2
			1	5
			3	2
		1	1	8
			7	1
	1	1	3	1
1	1	1	1	1
1	1	2	2	1
1	1	1	1	5
1	1	1	4	1

A11 이 기계의 발명으로 이제 청소는 남자들의 몫이라나

Column clues (left to right, top to bottom):

1	2	3	4	5	6	7	8	9	10	11	12	13	14	15
											1			
							1	1	2	1	3	1		
			3	3		1	2	1	1	2	1	1	3	
1	2	11	2	1	1	6	1	3	5	6	4	7	4	2

Row clues (top to bottom):

			6
		1	5
		2	1
		1	3
		2	1
		1	2
		1	4
		1	2
	1	1	3
1	1	1	1
	1	1	5
	1	1	7
		1	9
		3	6
	5	1	1

A12 나는 한 마리 이름 없는 새

Column	Clues
1	5
2	1 3
3	6 1 1
4	5 1 1
5	7 2
6	1 1 1 4
7	5 4
8	1 1 1 4
9	7 2 1
10	5 1 1 1
11	6 1 1 2
12	1 3 2
13	5 3
14	3
15	3

Row	Clues
1	9
2	4 1 4
3	1 3 1 3 1
4	1 3 1 3 1
5	1 9 1
6	3 1 1 3
7	2 1 1 2
8	2 1 1 2
9	1 1
10	1 1 1
11	9
12	3
13	3 3
14	1 1 5
15	7

A13 빨간 모자가 어울려

		3	7	5	6	6	6	9	6	2	1	1		2
1	2	1	2	1	2	2	1	2	1	2	1	4	2	2
5	4	2	1	1	2	2	1	1	2	4	5	1	3	1

			5
			7
			9
		8	1
		10	2
		12	2
		1	1
		3	3
		1	1
	1	2	4
	1	2	4
2	1	1	4
	2	6	3
3	2	3	1
	3	3	1

A14 미인은 아미(눈썹과 눈썹 사이)가 넓다고 하는데…

Column clues:

1	2	3	4	5	6	7	8	9	10	11	12	13	14	15
					2	3								
		1	1	2	3	1	3	4	5					
		1	2	1	3	1	1	1	1					
12	16	7	5	4	3	1	3	4	6	16	18	17	16	7

Row clues:

			3
			7
			9
		1	5
		1	5
		1	5
		1	4
		1	4
		4	9
2	1	1	4
	2	1	4
		2	4
	2	1	5
	3	3	6
	3	1	7
		4	8
			15
	6	3	4
		6	4
		5	4

A15 현대문명에 밀려 이제는 고물상이나 박물관에서 겨우 찾아 볼 수 있을 거야!

			1	3					3	1				
			1	5	1	1	1	1	5	1				
			2	1	2	3	3	2	1	1	1			
	1	1	1	2	2	3	3	2	2	1	1	1	9	
9	6	1	1	2	8	6	6	8	2	1	1	6	1	3

				6
			1	1
			5	5
		1	2	1
		1	4	1
		1	8	1
	1	1	1	1
	1	1	1	1
	1	1	1	1
	1	2	2	1
		2	4	2
		1	2	1
1	1	4	1	1
		1	3	7
	1	4	1	1
				12
				6
				4
				6
				8

NemoNemo Logic Vol. 1

PART 8

SIZE : 20×20

B16

우리나라에서 스포츠의 열기가 높아진 것이 아마 이 스포츠가 프로로 되면서 부터라죠.

Column clues (top to bottom):

												8	8		5				
			2	1	1	1		1			8	3	3	6	3	5			
			2	3	2	2	1	3		10	2	2	2	3	3	1	10	1	1
7	2	2	1	1	1	1	7	2	2	2	3	1	1	6	1	1	1	2	1

Row clues:

			6
			8
			8
			8
			10
		5	1
		4	1
		4	1
		1	1
		5	1
			15
		2	4
		2	5
	2	4	2
	1	6	4
1	2	2	6
1	2	2	2
	1	3	2
	1	2	3
1	2	2	2

B 17 그때를 아십니까? 60년대 한국형 소녀머리를…

	1	2	3	4	5	6	7	8	9	10	11	12	13	14	15	16	17	18	19	20
									7		5	6								
						6	5	6	1	6	1	1	7	6	5					
					6	1	1	1	2	1	1	1	1	1	1					
		8		7	1	1	1	2	2	1	1	2	1	2	2	6	7		8	
	12	4	15	3	2	2	2	1	1	1	1	1	1	2	2	2	3	15	4	12

1	10
2	14
3	16
4	18
5	18
6	6 3 3 5
7	5 1 1 5
8	4 4
9	3 4 4 3
10	3 1 1 3
11	3 3 3 3
12	1 1 1 2 1 2 1 1
13	1 1 1 1
14	3 3
15	4 4 4
16	4 1 1 4
17	5 2 5
18	2 2
19	2 2
20	8

B18 가장 멀리 나는 공룡이 가장 먹이를 빨리 찾는다? 좀 이상해!

열	1	2	3	4	5	6	7	8	9	10	11	12	13	14	15	16	17	18	19	20
가로 힌트	1 1	1 1 8	1 1 7	1 1 7	2 1 7	1 2 7	11	2 8	1 7	1 9	12	12 1	14 1	8 3 4	6 1 1 1 1 1	5 5	4 1	3 2	2	1

행	세로 힌트
1	1
2	8
3	7
4	7
5	6 6
6	5 2 6
7	2 6
8	13
9	8
10	8
11	10
12	13
13	14 1
14	12 1
15	7 3 4
16	5 1 1 1 1
17	4 5
18	3 1
19	2 2
20	1

B19 맛있는 음식 먹고 만족해 하는 얼굴이라? 어떤 표정일까?

Column clues (top to bottom, columns left to right):

1	2	3	4	5	6	7	8	9	10	11	12	13	14	15	16	17	18	19	20
5	13	8 6	9 2	11 2 2	8 3 2	9 1 3 1	9 2 1 1	9 2 1 1	9 1 1	9 1 1	9 1 1	6 1 1 1	9 2 1 1	8 2 2 1	8 1	7 2	11 2	4 7	5

Row clues (left to right, rows top to bottom):

Row	Clue
1	8
2	12
3	14
4	15
5	16
6	17
7	10 6
8	11 6
9	11 6
10	4 1
11	4 1
12	2 1 3 3 1
13	1 2 2 1
14	1 2 2
15	2 3 1
16	3 2 1 2
17	4 9 2
18	5 3
19	3 2 4
20	3 12 2

B20 남극의 가슴 뜨거운 신사!

		1				1	1												
	1	2	1	1	1	3	2	1				4	4						
3	1	2	2	3	4	1	1	1	3	9	11	4	2						
1	2	7	12	4	2	1	1	2	3	4	4	4	9	20	20	19	18	17	16

	9	5
	1	7
	4	8
	3	9
2	2	6
3	2	7
3	2	7
3	3	6
	4	11
	4	13
	4	9
	3	8
	2	7
	2	7
	2	7
	2	14
	2	12
2	4	6
2	3	6
	2	6

B21 상수도 오염이 심한 이때 누런 주전자에 끓인 보리차가 최고여 최고!

Column clues:

Col 1	Col 2	Col 3	Col 4	Col 5	Col 6	Col 7	Col 8	Col 9	Col 10	Col 11	Col 12	Col 13	Col 14	Col 15	Col 16	Col 17	Col 18	Col 19	Col 20
1	1	7	1 7	2 7	6 2	1 1 1 5 2	1 6 2	2 2 7	3 1 7	3 7	3 1	8 1	2 6	1 6	1 7	1 6	2 6	8	4

Row clues:

Row	Clue
1	5
2	2 2
3	1 1
4	3 1 1 1
5	1 3 8
6	11
7	1 10
8	9
9	1 7
10	5
11	7
12	5
13	3
14	13
15	9
16	4 4
17	3 3
18	3 3
19	9
20	9

B22 새벽을 가르는 파수꾼

				2															
			1	1	2														
			2	2	2	1	2											2	
		3	1	2	1	2	2	3	2		3	4	5	6				3	
1	2	4	2	2	2	3	3	3	5	3	2	4	4	2	5	7	11	6	2
1	2	2	3	1	1	2	2	2	2	5	4	1	3	2	2	4	4	1	8

					2
				3	3
					8
				6	8
			2	4	11
			2	4	6
			2	1	4
		1	2	2	2
		3	1	4	1
	3	2	1	4	2
		3	3	2	2
			2	2	2
			3	2	2
				5	2
		2	1	1	2
		2	2	2	1
		2	4	4	1
2	2	2	2	2	1
2	2	2	1	1	1
			5	3	3

B23 너 나 좋아해, 나 너 좋아해

Column clues (left to right):

1	2	3	4	5	6	7	8	9	10	11	12	13	14	15	16	17	18	19	20
			5			2					1			1	5				
2	4	5	1	5	4	5				5	5	1	1	3	3	3	8	1	
2	1	6	2	4	6	8	14	14	15	7	1	1	1	1	1	1	1	3	2

Row clues (top to bottom):

				2	2
					7
					7
					5
			3	1	1
	1	1	2	2	1
				5	1
				5	1
				5	1
				6	2
		3	1	1	3
3	3	1	2	1	1
1	1	4	1	1	1
			1	6	3
			1	6	2
			1	6	2
				9	1
				7	2
				8	1
					16

B24 이것만 있으면 무엇이든 자를 수 있다.

Column clues (left to right, top to bottom):

1	2	3	4	5	6	7	8	9	10	11	12	13	14	15	16	17	18	19	20
5	6	5	5	5 4	1 4 6	3 3 2 2	4 2 2 1	6 5 1	9 2 1	8 2 1	4 5 1	4 2 2	2 2 5	2 2 3	2 2	2 2	2 2	2 3	5

Row clues (top to bottom):

Row	Clue
1	2
2	3
3	1 4
4	2 4
5	2 4
6	3 4
7	4 4
8	4 3 4
9	5 3 6
10	5 2 2 2
11	10 1
12	5 2 1
13	1 3 1
14	5 3 2
15	8 5
16	3 2 3
17	2 2
18	2 2
19	3 3
20	9

B25 일상생활에 있어서 우리의 안식처가 되어주는 이 물건은 무엇일까요?

Column	Clues
1	1
2	1 2
3	1 3
4	3 7
5	1 6 1
6	1 4 2
7	1 6 1
8	8 7
9	4 4 5
10	1 1 4
11	4 4
12	1 1 4
13	4 4
14	1 1 1 7
15	4 1 9
16	1 1 3 4 4
17	4 1 5 2
18	1 1 1 3 1
19	4 1 9
20	8 5

Row	Clues
1	13
2	2 1 1 1 1 2
3	2 1 1 1 1 2
4	13
5	1 1
6	8 7
7	1 1 1 1
8	2 2 2 2
9	1 1 1 1
10	15
11	16
12	16
13	13 1
14	1 1 2 1
15	1 2 2 2
16	1 4 2 4
17	4 1 3 1
18	1 1 2 1
19	2 1 1 1
20	1 1

B26 영화 쥬라기 공원의 주연 배우!

Column clues (top to bottom):

			1																
		3	3																
2	2	1	4	12	13	6	3	10	10								1	2	
1	1	2	1	2	5	6	6	1	2	14	11	8	9	8	5	2	2	2	5

Row clues (left to right):

			3
		3	2
			6
			4
			7
			5
			8
			9
		4	5
		4	6
	1	2	7
		11	1
		10	1
		10	2
		9	1
	3	7	1
2	2	3	1
1	2	3	2
	2	2	5
	3	3	3

B27 애앵! 이 자동차가 달릴 때는 피해주어야…

Column clues (left to right):

1	2	3	4	5	6	7	8	9	10	11	12	13	14	15	16	17	18	19	20
											1							2	
						2	1	4		4	1		1				1	1	
				1		1	1	5	4	5	1	1	1	1	1	1	1	2	
	2	2	1	2	7	1	1	2	4	4	2	5	1	5	2	8	1	1	
6	1	3	5	2	5	3	1	1	1	1	1	1	3	5	2	5	3	1	14

Row clues (top to bottom):

						3
						3
						3
						13
					2	2
					1	1
				4	5	4
1	1	1	1	1	1	1
1	1	1	1	1	1	2
1	1	1	1	1	1	2
			7	5	1	1
				2	1	1
			2	2	1	1
				1	4	4
				1	4	1
		1	3	2	3	1
			1	5	5	1
				4	10	4
					5	5
					3	3

B28 트럼프(카드)의 마크 종류는?

1	2	3	4	5	6	7	8	9	10	11	12	13	14	15	16	17	18	19	20
												3	5			7			
			5	5			5					2	4		13	2			
2	4	5	1	2	10	5	1	5	4	2	1	3	1	7	1	3	5	3	1
3	6	8	8	8	8	10	6	3	3	5	5	1	2	11	2	1	5	5	3

		1	1
		3	3
		5	5
		7	7
		9	9
		11	7
4	1	4	5
2	1	2	3
		3	1
		5	3
	1	1	5
	3	3	5
		9	3
9	2	1	2
	13	1	4
		7	11
7	4	1	4
5	2	1	2
		3	3
		1	5

B29 띠디디디! 내 이름은 깡통 로봇!

Column clues (top to bottom, columns 1–20):

1	2	3	4	5	6	7	8	9	10	11	12	13	14	15	16	17	18	19	20
											1		1				3		
							2			2	4	1	4	2			2	1	
				1		1	4	4		3	1	3	1	3		4	4	3	
1	1		3	1	3	4	2	2	3	2	1	2	1	2	3	2	2	4	3
1	1	4	2	2	4	2	5	6	11	2	2	2	2	2	11	6	5	2	4

Row clues (rows 1–20):

					3
			5	1	1
			2	2	3
		3	1	1	1
			1	5	4
			3	2	2
	1	1	1	1	1
	2	1	1	1	2
			1	5	1
1	1	1	1	1	1
					11
		3	2	9	2
		6	1	1	3
6	1	1	1	1	3
	3	2	2	2	2
				3	3
		3	1	1	3
				4	4
					13
					11

B30 국제적 감각을 살려서 환율 계산을 한 번 해볼까? (1엔은 7.75원)

Column clues (left to right, top to bottom):

1. 8
2. 3 1 3
3. 2 5 2
4. 2 3 1 2
5. 2 2 4 2
6. 1 2 2 1 1
7. 2 1 2 1 1 1 3
8. 1 2 2 4 5 1
9. 1 1 2 2 3 1 1 1
10. 1 2 1 2 3 1
11. 1 3 1 1 1 1
12. 1 2 1 2 7 1
13. 1 2 2 4 1 1 1
14. 2 2 2 1 3 2
15. 1 3 1 1 1 1
16. 2 5 1 6
17. 2 2 1 2
18. 2 1 2
19. 3 1 3
20. 8

Row clues (top to bottom):

1. 8
2. 3 3
3. 2 2 2 2
4. 2 3 5 2
5. 2 2 3 3 2
6. 1 2 6 2 1
7. 2 1 2 2 2 2
8. 1 2 2 4 1 2 1
9. 1 1 2 2 2 1 1
10. 1 1 1 1 1 1
11. 1 1 1 1 1 1
12. 9 9
13. 1 4 1
14. 2 4 5 2
15. 1 1 1 1 1 1
16. 2 4 5 2
17. 2 1 1 1 3
18. 2 6 2
19. 3 3
20. 8

B31 자! 손님 여러분 셀프 서비스 아시죠?

Column	Clues
1	8
2	2 1
3	1 15
4	1 1 8 3
5	2 2 5 6
6	1 13 1
7	1 5
8	1 14
9	1 2 1 7 2
10	1 1 6 5
11	1 1 3 8
12	1 1 8 3
13	1 2 5 6
14	2 1 2 9
15	1 1 7 4
16	2 16
17	3 2 2
18	2 2
19	9
20	7

Row	Clues
1	10
2	4 3
3	2 2
4	1 1
5	1 2 5
6	1 1 2 5 1
7	1 1 1 2 4
8	1 1 1 1 5
9	1 4 9 2
10	1 4 1 7 2
11	5 6 2 2
12	4 3 5 2
13	4 9 2
14	2 1 5 7
15	4 2 9
16	12 1
17	1 7 4
18	6 7
19	3 10
20	14

B32 캄캄한 밤이면 야구방망이(?) 들고 설쳐대는 복면의 사나이!

Column clues (left to right):

1	2	3	4	5	6	7	8	9	10	11	12	13	14	15	16	17	18	19	20
						4	7			4	3	6							
						2	1	4	9	3	1	2	5						
						1	1	3	1	1	1	1	3						
1	2	2	2	3	15	6	4	2	2	2	2	4	6	16	7	5	4	4	4

Row clues (top to bottom):

Row	Clue
1	1 1
2	1 1
3	2 2
4	2 2
5	9
6	10
7	1 5 2
8	2 3 1 1
9	3 1 4
10	1 3 2
11	10
12	1 3 1
13	1 1 1
14	1 2
15	2 2 3
16	3 5
17	15
18	16
19	7 8
20	7 7

B33 숲 속의 신들린 아줌마

Column clues (left to right, top to bottom):

Column	Clues
1	1 5
2	6 5
3	4 4 4
4	1 6 4 2
5	1 5 6 3
6	1 2 2 4 5
7	1 1 2 3 6
8	2 3 3 4 2
9	2 7 4 1
10	10 6 2
11	5 1 3 4
12	5 3 3
13	4 3 4
14	4 9
15	1 2 1 7 2
16	3 8 1
17	3 6 4
18	4 9 1
19	4 6 1
20	1 3 3 1

Row clues (top to bottom):

Row	Clues
1	1 3 3 1
2	1 6 4
3	1 9 4
4	4 6 3
5	1 8 3
6	2 7 1 2 1
7	9 4
8	4 3 4
9	3 3 5
10	4 3 1 5
11	2 6 10
12	1 4 7 2
13	2 4 3 3 2
14	6 3 2 1 1
15	5 4 2 2 1
16	3 6 5 1
17	2 4 6 1
18	4 4 4
19	5 6
20	5 1

B34 스키 신고 날아다니는 새

Column clues (left to right, top to bottom):

Col	Clues
1	3
2	1 1 6 2
3	2 2 2 2 1
4	1 1 3 3 1
5	1 3 5
6	1 12 1
7	1 3 4 1
8	1 1 3 4 1
9	2 2 2 6
10	1 1 8 1
11	3 7 1
12	1 1
13	1 2 3
14	1 1 1 2
15	1 2 2 1
16	1 1 1 1
17	1 2 1 1
18	2 1 2 1
19	1 2 1 2
20	4 3

Row clues (top to bottom):

Row	Clues
1	7
2	3 3
3	1 1
4	3 1 3
5	2 1 2
6	1
7	5 2
8	8 1 1
9	17 1
10	1 1 2 2
11	1 1 2 3
12	1 6 3
13	1 8 3
14	12
15	9
16	1 1 1 4
17	10 3 3
18	1 1
19	2 2
20	6

B35 마이 네임 이즈…

Column clues (left to right, top to bottom):

Col	Clues
1	1
2	2 2
3	1 2
4	3
5	8 1
6	3 1 1 5 1
7	1 1 1 1 1 1 1
8	2 1 1 1 1 6
9	1 1 1 1 1 5
10	1 1 1 1 1 4
11	1 1 1 1 4
12	1 1 1 1 6
13	2 1 8
14	1 1 1 1 3
15	3 1 5 1
16	8 1
17	4
18	2
19	1
20	1 2

Row clues (top to bottom):

Row	Clues
1	6
2	3 3
3	1 1
4	2 2
5	1 1
6	1 1
7	12
8	1 1
9	8 1 1
10	1 1
11	12
12	1 1 1
13	1 3 1 1
14	1 2 1
15	1 2 4
16	3 8 3
17	2 3 11
18	2 7 1 1
19	2 5 1 1
20	1 2 1

B36 갯벌을 주름잡는 주먹대장

Column clues (top to bottom):

Col	Clues
1	4 2
2	3 3 2
3	2 1 2 2 2
4	2 1 3 1 3
5	1 1 1 1 1 1
6	2 3 1 1 1 1 2
7	1 1 1 2 5 1
8	1 1 1 1 1 2
9	1 1 2 2 1 2 1
10	2 1 1 1 1 1
11	2 2 2 2 2 1 1
12	1 1 2 1 1 1 1
13	1 1 2 1 1 1 1
14	1 1 2 2 1 1
15	2 1 1 1 1
16	1 2 1 2 1
17	1 3 1 2
18	1 3 5 1
19	6 1 1 1 2
20	7 1 1

Row clues (left to right):

Row	Clues
1	8
2	3 2
3	2 2
4	2 2 5
5	1 1 3 1
6	9 2 4
7	1 2 2
8	1 2 3 2
9	2 3 5
10	1 3 4
11	6 1 1 3
12	2 8 1
13	5 4
14	1 4 1
15	5 2 2 3
16	2 1 1 1 1
17	2 4 1 4 1 3
18	1 1 1 1
19	2 14
20	1 1 1

B37 주니어 축구

Column clues (left to right):

Column	Clue
1	8
2	5 3
3	5 4
4	5 4
5	2 1 4
6	1 4 5
7	2 8 4
8	3 8 2
9	3 3 2 1 1
10	8 3 1 1
11	8 1 1
12	3 3 5 1
13	3 8 2
14	2 8 4
15	1 4 5
16	2 1 4
17	5 4
18	5 4
19	5 3
20	8

Row clues (top to bottom):

Row	Clue
1	8
2	12
3	2 6 2
4	2 2 2
5	3 2 3
6	3 4 3
7	5 6 5
8	3 10 3
9	2 3 3 2
10	1 5 4 1
11	1 5 4 1
12	1 2 1 3 1
13	1 2 3 1
14	3 8 3
15	6 6
16	5 5
17	5 5
18	4 4
19	3 3
20	8

B38 멍멍이의 영원한 적?

Column clues (left to right, top to bottom):

Column	Clue
1	1 1 1
2	1 1 1
3	11
4	10 1 2
5	7 2 1 1
6	8 1
7	12 2
8	5 1 1
9	5 2 1
10	4 5
11	5 2 1
12	2 1 1
13	4 1 1
14	10 3
15	8 2
16	9 3
17	15
18	11 1
19	9 2
20	8 3

Row clues (top to bottom):

Row	Clue
1	2
2	2 3
3	3 3
4	3 4
5	4 5
6	5 6
7	5 6
8	16
9	18
10	2 1 3 1 4
11	2 1 3 1 4
12	2 1 1 1 1 4
13	6 9
14	3 3 6
15	4 3 5
16	1 1 1 2
17	5 1 1 1
18	1 8 1
19	5 2
20	1 3

B39 1942, 빨간 마후라를 휘날리며 기지로 돌아올 때면 언제나 나를 반겨주던 연인…

Column clues:

1	2	3	4	5	6	7	8	9	10	11	12	13	14	15	16	17	18	19	20
						1			1										
1			1		1	3	3	3	3	1		1			1				
1	2	2	1	2	9	4	3	3	4	9	2	1	2	2	1	2	2	1	
1	2	2	1	2	2	2	4	4	2	2	2	1	2	2	1	2	2	2	2

Row clues:

Row	Clues
1	6
2	2
3	4
4	1 1
5	2 2
6	6 9
7	2 2 2 2 2 2 1
8	1 1 1 2 1 1 1 2
9	2 2 2 2 2 3
10	6 8
11	1 1
12	1 1
13	2 2
14	1 1
15	1 1
16	1 1
17	2
18	6
19	6
20	2

B40 사막의 코털

Column clues (top to bottom, columns 1–20):

														2	1				
											7	7		2	2				
											1	1		1	1	1			
		4	6		10		11	8		7	1	1	6	2	1	2		5	
	1	1	1	11	1	10	1	2	7	1	2	3	2	3	2	1		1	1
2	1	1	2	4	1	5	3	1	2	2	1	1	1	1	3	2	17	3	1

Row clues (rows 1–20):

					13
				11	1
				10	1
				11	1
					16
					17
				11	2
				7	4
		6	3	1	2
				4	1
	1	1	2	2	1
			1	1	1
				1	1
			1	3	1
			2	5	1
	3	1	2	2	3
		4	1	2	2
1	1	2	2	2	2
		5	1	6	1
		1	2	1	1

B41 미로

Column clues (left to right, top to bottom):

1. 11 5
2. 1 1 1 1
3. 1 1 7 1 1 1 1
4. 1 1 1 1 1 3
5. 3 1 5 1
6. 1 1 1 1 7
7. 1 5 1 1 1
8. 1 1 1 1 3 1
9. 3 5 2 1 1 1
10. 1 1 1 7 1
11. 1 1 1 1 1 1 1
12. 1 3 1 4 1 3 1
13. 1 1 1 1 1 1 1
14. 1 1 1 5 3
15. 9 1 1 1
16. 1 1 1 1 3 1
17. 3 1 1 1 1 1 1
18. 1 1 1 1 1 5 1 1
19. 1 1 1 1 1 1 1
20. 1 3 11

Row clues (top to bottom):

1. 13
2. 1 1 1 1 4
3. 1 5 1 5 1
4. 1 1 1 1 4
5. 1 3 1 5 1 1
6. 1 1 1 1 1 4
7. 1 1 3 1 5
8. 1 1 1 1 5
9. 1 1 1 6 1
10. 1 1 1 1 3 3
11. 1 1 5 1 1
12. 2 7 1
13. 5 1 1 1 1
14. 7 1 3 1
15. 4 1 1 1 1 1
16. 1 1 1 1 5 3
17. 1 2 1 1 1 1 1 1
18. 1 1 1 3 1 1 3 1
19. 4 1 1 1
20. 13

B42 로빈후드한테 선물로 받은 안대를 하고서 짠! 내 모습 어때?

							7	3	7	5			2						
	2	3	2				1	2	2	2	3	2	1	2				5	
	3	3	7	13	9	11	1	1	1	1	4	4	1	2	2	1	2	1	
13	6	1	1	1	3	1	1	1	1	1	2	3	3	1	1	1	1	4	12
2	3	4	2	2	2	1	1	1	1	1	1	2	1	3	1	1	5	4	6

			2	8	4
			2	12	3
			1	14	2
1	1	4	2	2	2
		3	4	6	2
2	5	1	2	1	1
2	5	1	2	1	2
	1	5	1	4	1
		1	5	2	2
		5	1	2	3
	2	2	1	2	2
	2	2	1	2	2
			2	2	1
		2	1	2	1
		1	7	1	2
		1	1	2	3
		3	3	1	4
		5	1	2	3
	3	2	2	1	1
				8	1

B43 큰 눈과 짧은다리로 계곡을 뛰어 다니는 모습은 마치

						5						6							
		3		4	4	1	8	9				1	2	1	1	1	2		
	1	1	4	1	2	1	3	3	10	12	11	1	2	1	1	1	1	4	
2	1	1	2	1	1	4	1	1	5	4	4	2	2	4	5	3	5	5	5

				1
				3
				5
				5
				5
				6
				8
				14
			11	2
			11	1
		3	3	1
	2	3	3	1
1	1	2	2	1
		1	5	5
			3	1
1	2	1	1	3
	6	3	2	3
		1	3	6
			1	11
			1	11

B44 사막의 악동

	C1	C2	C3	C4	C5	C6	C7	C8	C9	C10	C11	C12	C13	C14	C15	C16	C17	C18	C19	C20
									2		5									
				2				2	2		1	7	5	3		1	1	1		
			8	3			1	1	2	6	1	1	1	1	3	2	1	1		
	3	6	2	1	2	3	1	2	1	4	2	2	2	2	1	1	1	1	8	
	3	3	2	3	4	3	9	2	2	2	1	1	1	1	1	1	1	1	2	4

				4
				4
				3
			1	6
			3	6
		4	2	5
	3	1	1	3
	3	1	1	2
		3	2	2
		4	4	5
	3	1	6	1
	1	1	2	1
		6	2	4
	3	3	2	1
	2	3	2	1
1	2	1	2	1
		2	2	7
		2	2	1
			2	2
				11

B45 얼음나라의 특별 메뉴

						3	5	7			5	3	3						
					3	1	1	1	8	7	1	1	1	2					
			2	3	1	1	1	1	2	2	1	1	1	1	3				
	2	3	1	1	2	1	1	2	1	1	2	1	1	2	1	3	4	5	3
3	1	1	2	1	1	1	2	2	5	5	2	2	1	1	1	2	1	1	3

			3
			5
			7
			9
		9	1
2	5	2	1
1	3	2	2
2	1	1	2
		2	4
		2	3
			20
	1	2	1
4	3	3	4
	3	2	3
		4	4
			4
			2
			2
			6
			10

B46 제리! 이 녀석 나타나기만 해 봐라!

Column clues (left to right):

1	2	3	4	5	6	7	8	9	10	11	12	13	14	15	16	17	18	19	20
2	4 1	9	11	14	15 2	13 1	5 2 2	4 2 1 1	3 1 1 1	3 1 1	3 3 1 1	4 2 1	5 3 1	11 2	7 1 2 1	3 6	2 3 4	4 5	7 2

Row clues (top to bottom):

Row	Clue
1	1 1
2	2 2
3	11
4	12 1
5	15
6	5 7
7	4 3 2
8	4 1 1
9	4 1 1
10	5 1 1 1 1
11	5 1 1 1 1
12	6 1 2 1 1
13	8 1 1 2
14	9 2 3
15	5 5 5
16	3 5
17	3 3
18	5 2 1
19	3 3
20	8

B47 세계 제일의 천하장사

Column clues (left to right, top to bottom):

Column	Clue
1	1 1
2	3 1
3	2 4 1 5
4	1 1 3 2 1
5	1 1 1 5 1 1 1
6	1 10 1 1
7	12 5
8	2 6 1 1
9	4 1 4 3
10	1 2 3 4
11	1 6 5 1 2
12	1 5 5 4
13	2 10
14	3 2 7
15	1 8
16	1 1 8
17	4 3 7
18	1 6
19	3 4
20	1

Row clues (top to bottom):

Row	Clue
1	5 5
2	1 1 1 1
3	7
4	1 7 2
5	1 3 2 1
6	1 2 1 2 1
7	6 2 4
8	9 1 2
9	8 1 1
10	2 6 2 3
11	1 5 4 1
12	3 3 5 1
13	2 5 2
14	10
15	4 3 6
16	1 2 8
17	1 1 9
18	1 1 8
19	3 1 9
20	3 1 5

B48 뼈대 있는 집안의 자손

Column clues (left to right, top to bottom):

Col	1	2	3	4	5	6	7	8	9	10	11	12	13	14	15	16	17	18	19	20
					3	2														
				4	3	2	1													
		5		7	3	5	2				7	6						3	2	
	2	1	10	1	1	2	8	10	9	8	1	2	10	7	4	3	3	3	2	6

Row clues (top to bottom):

Row	Clue
1	2
2	4
3	2
4	2
5	2
6	2
7	2
8	6
9	9
10	4 4
11	2 6 1
12	4 9 1
13	1 12 2
14	12 2
15	11 1
16	11 1
17	3 5 1
18	2 2 3 1
19	2 2 4
20	3 3 2

B49 비가 오면 생각나는 청 ○○○

Column	Clues
1	1
2	3 1
3	3 6
4	4 1 1
5	3 4 1 5 1
6	1 5 3 3
7	1 7 2 2
8	1 1 5 2 2
9	5 1 2 1 1 1
10	6 2 1 1
11	5 1 2 1 1 1
12	1 1 5 2 2
13	1 1 5 2 2
14	1 1 5 3 3
15	3 4 1 5 1
16	4 1 1
17	3 6
18	5
19	2 1
20	1

Row	Clues
1	3 3
2	1 1 1 1
3	1 3 5
4	1 1 3 1
5	9
6	11
7	5 1 5
8	6 1 6
9	15
10	2 2
11	11
12	9
13	2 2
14	2 2
15	1 1 1 1 1 1
16	2 1 1 1 2
17	2 1 1 1 1 3
18	2 1 1 3
19	2 3 3 3
20	3 11 4

B50 아놀드 슈왈제네거

Column clues (left to right, top to bottom):

1	2	3	4	5	6	7	8	9	10	11	12	13	14	15	16	17	18	19	20
15	3	15	15	1 1	7	8 6 1	7 8 1	3 3 1 2	2 3 2	2 3 2	2 2 1 1	2 1 1 1 1	2 2 1 1 1	2 3 2	3 3 5	11 5	7	6	6

Row clues (top to bottom):

Row	Clue
1	8
2	10
3	2 2
4	2 1
5	2 1
6	1 2 2 1
7	1 2 11
8	1 2 6 4
9	1 2 1 3 3
10	1 2 1 2 1
11	1 2 2 1
12	1 2 1 3 2
13	1 2 4 1
14	1 2 3 2 4
15	1 2 3 10
16	8 5
17	4 3 4
18	4 4 4
19	1 2 1 1 3
20	1 6 3

NemoNemo Logic Vol. 1

PART C

SIZE : 20×20 15×25 25×20

C51 여의주는 누구의 입에

				3		2													
				3	4	1		3	7	6				3	1				
		3	7	1	2	1	3	5	1	1	8		2	2	4	3	5		
1	4	3	1	3	1	3	6	1	1	1	1	12	2	1	1	3	1	2	2
1	2	1	2	5	5	1	1	1	1	1	1	1	10	5	3	1	4	6	5

			1	1
		1	1	1
		7	2	1
2	1	5	2	2
	5	4	2	4
		7	5	6
	3	7	1	1
1	1	1	5	1
			5	5
				5
	1	2	3	1
			6	7
	1	7	1	1
		2	2	1
		3	2	2
			11	2
		2	2	3
		2	3	2
			13	2
			2	6

C52 님 향한 일편단심이야 가실 줄이 있으랴!

Column clues (top to bottom):

Column	Clues
1	5
2	1 3
3	1 2 2
4	1 2 1
5	2 2 1 2
6	1 1 2 1 1
7	3 1 11
8	1 2 2 1 6
9	1 1 1 5 3
10	12 2 2
11	1 1 1 1 3 1 1
12	1 1 1 1 3 1 1 1
13	3 1 1 2 1 1 1 1
14	1 2 1 1 1 2 1 1
15	1 1 1 1 6 1 1
16	2 6 1 1 1 2
17	1 1 1 1 1 1 1 1
18	1 1 1 4 1 2
19	4 2 1 4
20	3 3

Row clues (left to right):

Row	Clues
1	2 2 2 2
2	1 2 1 2 1
3	1 1 1 1 1
4	1 1 3 3
5	5 1 1 2 1
6	1 2 1 2 1
7	1 1 1 1 1 1
8	6 1 6
9	2 1 1 1 1 1
10	5 1 2 1 6
11	1 6 4 1
12	1 1 2 2 1 2 1
13	1 1 1 2 2 1 2
14	2 1 1 1 1 2
15	1 2 3 9
16	2 3 2 1
17	3 4 5 1
18	5 2 2
19	3 3
20	1 7

C53 허니! 나 돌아왔소!

Column	Clues (top to bottom)
1	1 4
2	2 4 1
3	7 1 4
4	1 1 6 1
5	12 1 4
6	12 1
7	6 2
8	7 3
9	3 3 4
10	3 3 6
11	2 3 4 2
12	1 3 5 2
13	1 3 4 3
14	4 3 4
15	1 3 5
16	2 2 1 4 1
17	1 2 6 1
18	1 2 4 1
19	1 2 6
20	5

Row	Clues (left to right)
1	2 2 4
2	2 1 2 1 5
3	1 1 1 3 1
4	5 2 2 1
5	2 2 1 1 1
6	5 2 2 2
7	5 1 1 2
8	6 2 2
9	8 2
10	8 2
11	10 4
12	1 4 6
13	1 2 4 2
14	1 4 4 2
15	1 1 4 4
16	1 5 5
17	1 6 4 1
18	1 3 4 1
19	1 6 1
20	1 9

C54 일본의 명산

Column clues (top to bottom):

Col	Clues
1	2 3 2 2
2	3 3
3	2 3 2 4
4	1 1 6
5	1 1 8
6	2 1 11
7	4 8
8	5 5
9	2 7 1 1
10	1 8 3
11	2 8
12	1 8
13	2 9
14	1 12
15	1 9
16	6 3 1
17	14
18	4 1
19	6
20	4

Row clues (left to right):

Row	Clues
1	1 2
2	1 1 3 4
3	1 2 3 1
4	3 2 1 1
5	3 1 1
6	3 2 1 1
7	2 2
8	1 1 1 1
9	1 2 1 1 1 1
10	2 2 2 1
11	1 3 3 1
12	1 8 2
13	14
14	14
15	16
16	12 1 1
17	5 10
18	6 7 1 2
19	7 1 1 2 1 2
20	7 2 1 1 2

C55 새벽을 가르는 소리

Column clues (top to bottom):

Column	Clues
1	1 4
2	1 1 2 1
3	2 7 1
4	4 5 2 1
5	3 1 1 3 1 1
6	2 3 2 2 4
7	5 1 1 1 1
8	2 4 1 1 1 1
9	3 1 1 1 3
10	4 3 1 1 2
11	1 5 1 1 1
12	7 2 1
13	12
14	13
15	13
16	14
17	4 8
18	3 5 4
19	2 3 2 1 2
20	2 2 2 2 1

Row clues (left to right):

Row	Clues
1	1 1 4
2	3 2 5
3	6 1 4
4	4 2 4 2
5	2 5 4 3
6	4 3 5 2
7	4 1 1 8 1
8	4 13
9	3 10
10	3 12 1
11	1 1 1 10
12	1 1 7
13	1 1 8
14	1 2 8
15	1 11
16	2 2
17	9
18	1 1
19	3 2
20	1 1 1 2

C56 급한 일도 없으면서 교통위반하는 주범! 용서 못해!

Column clues (left to right, top to bottom)

1	2	3	4	5	6	7	8	9	10	11	12	13	14	15	16	17	18	19	20
5	3 1	4 1	1 2 3	3 7	3 1 4 2	1 1 3 1 7	1 1 3 2 2 3	1 5 2 1	4 2 1	2 1 6 2 1	1 2 1 1 2 1	2 1 1 1 2 3	4 2 1 7	1 5 4 2	1 1 2 7	1 1 3 2 3	3 2 1	3 2 1	7

Row clues (top to bottom)

Row	Clue
1	2 3 2
2	2 2
3	2 1 1 2
4	1 1 1
5	9
6	2 2
7	3 4 1
8	2 1 1 2 2
9	1 1 1 1 1
10	2 1 1 1 2
11	1 2 1 1 1
12	6 5 2
13	2 1
14	20
15	20
16	1 3 3 1
17	1 5 5 1
18	5 8 5
19	5 5
20	3 3

C57 세바스찬, 여보게 친구 웃어나 보게…

Column clues (top to bottom):

1	2	3	4	5	6	7	8	9	10	11	12	13	14	15	16	17	18	19	20
		4	5	5						1	2		4						
2	3	1	2	2	4					1	5		2		1				
1	1	1	1	2	5	7	1	2		8	1	8	2	4	2				
1	1	1	1	1	1	2	10	9	12	4	5	5	5	5	2	6	6	5	6

Row clues (left to right):

				2
			3	1
		4	1	1
	6	2	1	1
	5	2	2	1
		3	5	1
			7	2
			1	10
			3	10
				14
1	1	7	1	4
		4	8	4
		5	2	4
		5	5	4
		1	2	1
			7	1
				7
				5
				6
				5

C58 원시소년 토시

Column clues (top to bottom):

Column	Clues
1	5
2	1 1
3	2 1 2 1
4	9 1 2
5	4 1 1 1 1
6	4 1 1 1 1
7	4 2 1 1 1
8	4 2 1 2 1 1
9	4 2 1 1 1 1
10	4 1 1 1 1
11	4 2 1 1 1 1
12	4 2 1 2 1 1
13	5 2 1 1 1
14	4 1 2 1 3 1
15	4 1 1 1 1
16	4 1 1 3
17	4 1 1 3
18	5 2 4
19	6 5
20	8 7

Row clues (left to right):

Row	Clues
1	16
2	17
3	18
4	18
5	1 1 3
6	1 1 2
7	1 1
8	5 7 1
9	1 3 4 1
10	2 1 1 1
11	1 3 5
12	2
13	1 3
14	1 1 1 1
15	1 5 1 1
16	1 1 2
17	13 3
18	1 6
19	1 5
20	18

C59 나는야 숲속의 해결사! 막힌 곳은 어디라도 달려가 뚫어 드립니다.

Column clues (left to right):

1	2	3	4	5	6	7	8	9	10	11	12	13	14	15	16	17	18	19	20
4	14	7 3 3	3 13	12 4	8 10	3 15	1 13	6 1 1 1	3 5	1 1	1 2 1	1 1 2	2 4 3	5 7	1 2 2 2	1 1 1 3 1	1 1 2 2	1 8	7

Row clues (top to bottom):

Row	Clue
1	6
2	3 2 3
3	7 1 1
4	4 2 5 1 1
5	4 2 3 1
6	1 5 6
7	2 4 1 2
8	7 1 3
9	4 4 1 4
10	4 2 1 1 1 2
11	1 9 1 2 1
12	1 5 1 2 2 1
13	3 5 1 2
14	3 3 4
15	7 3
16	1 4 3
17	2 4 4
18	7 1
19	4 2
20	4 2

C60 옆구리에 머리를 자꾸 부딪히면서 화내는 것은 뭘까요?

Column clues (left to right):

											1	2	1	2					
									2	3	1	1	1	1	1	2			
		2	2	2				6	1	1	1	1	1	1	6	7	1		
	2	2	2	2	2	3	5	1	1	1	1	1	1	1	1	1	7	1	
5	3	5	5	5	5	3	1	1	1	1	1	1	1	1	1	1	3	6	7

Row clues (top to bottom):

3
3
3
3 1
2 4
12
1 5
1 5
1 1 5
3 1 5
2 2 10
2 1 2
1 3 2
1 1 1 2
1 1
1 4 1
17
6 1
17
4

C61 공통점 찾기

1. 셜록홈즈 2. 파트라슈네 할아버지 3. 영국신사 4. 복덕방 아저씨

Column clues

1	2	3	4	5	6	7	8	9	10	11	12	13	14	15	16	17	18	19	20
1 1 1 1 1 5	3 4 1 1 5	13 5	15 2	8 1 4	1 5 2 1	1 4 3 2	1 2 1 2	1 2 1 1	3 6 7	1 2 2 4 2	2 6 3 1	2 2 1 3	1 3 4 2	5 1 1	5 1	5 1	5 1	7 1 3	6 1 1

Row clues

Row	Clues
1	5 2 7
2	6 1 2 6
3	5 2 8
4	5 4 7
5	7 9
6	7 1 2 2
7	7 1 1 1 1
8	5 3 1
9	2 12
10	4 3 1
11	3 2 1 1
12	3 2 1
13	2 5 2
14	1 4
15	5 5
16	3 1 9
17	3 4 2
18	5 1
19	4 2
20	2

C62 봄을 가장 먼저 알려주는 계절의 전령 꽃을 아시나요?

열	1	2	3	4	5	6	7	8	9	10	11	12	13	14	15	16	17	18	19	20
힌트	5	2 3	1 3	3 3 3	4 3 3	2 3 2 3	1 1 4	1 3 6	4 7	1 3 2 1 3	1 3 2 2 3	2 4 2 2 4	2 3 2 2 4	2 2 2 5	6 3 5	3 5	2 5	2 5	8	8

행	힌트
1	7
2	2 1 2
3	1 3 2
4	3 3 1 2 1
5	3 1 1 1 1 1
6	1 1 3 1 2
7	3 1 2
8	1 1 1 3
9	1 2 4
10	2 2 2 2
11	4 2 2 2
12	1 2 2 3 2
13	2 3 2 3 3
14	1 3 2 2 3
15	2 2 2 4
16	1 4 5
17	2 3 6
18	13
19	12
20	10

C63 나 듣는데 비밀얘기 했다간 그 뒤는 책임 못져!

Column clues (top to bottom, left to right):

1	2	3	4	5	6	7	8	9	10	11	12	13	14	15	16	17	18	19	20
2 1 1	2 2 2	2 3 3 2	3 2 3 4	3 2 1 4	3 2 5	3 6	2 8	1 9	10	12	4 6 1	3 6 2	3 1 7	2 4	3 2	3 1 1	1 2	5	3

Row clues (top to bottom):

Row	Clue
1	1
2	2
3	3
4	6 4
5	1 4 7
6	3 1 9
7	5 5 3
8	4 4 1 1
9	5 2
10	2 6 4
11	2 8 1 2
12	4 8 2 2
13	2 10 1
14	11
15	3 5
16	3 3
17	3 2
18	2 2
19	2
20	2

C64 요즘엔 이것도 마음놓고 먹을 수가 없어 속성제를 넣어서 기른다나?

Column clues:

1	2	3	4	5	6	7	8	9	10	11	12	13	14	15	16	17	18	19	20
1 6	1 3 2	1 3 2	1 2 1 2	1 3 3 1 3	2 2 1 1	20	1 2 2 1	2 2 2 1	3 1 3 2	1 5	1 1 1	1 1 1 1 3	1 1 1 1 4	1 4	1 12	1 2	1 1 2 1 1	1 1 2 1 1	1 1 3 1

Row clues:

Row	Clue
1	3
2	1 2
3	1 1
4	5 1 2 9
5	3
6	4
7	5 5 1 3
8	4 1 2
9	3 1 3
10	2 5 2 1 2
11	1 7 1 2
12	1 1 1 2 1 1
13	1 1 1 1 2 1 2
14	2 1 1 1 1
15	2 1 2 1
16	8 1 3 3
17	1 4
18	2 1 4
19	2 1 3
20	3

C65 시골에서야 자가용이 필요없지! 하믄 자가용 대신에 이것이 있는데…

Column clues (left to right, top to bottom):

Col	1	2	3	4	5	6	7	8	9	10	11	12	13	14	15	16	17	18	19	20
Clue	5 4	6 1 1	1 1 2 1 4 1	1 2 1 4 1	1 2 1 4 1	1 4 1 4 1	11 1 1	1 1 4	1 1 3	1 9	1 1 4	1 5	2 4 4	2 1 4 1 1	2 5 1 1 4 1	8 1 1 4 1	2 4 1 1 4 1	2 1 2 1 1 4 1	2 2 1 1 1	2 4

Row clues (top to bottom):

Row	Clue
1	5
2	14
3	1 1 1 1
4	1 1 1 1
5	1 3
6	2 1 3 3
7	1 1 1 5
8	7 1 6
9	2 2 1 3
10	7 1 3
11	7 11
12	1 7 1
13	4 4 4
14	1 1 4 1 1
15	1 4 1 1 4 1
16	1 4 1 1 4 1
17	1 4 1 1 4 1
18	1 4 1 1 4 1
19	1 1 1 1
20	4 4

C66 선수들이 제대로 경기를 할 수 있을까?

Column	Clues
1	6
2	3 1 2
3	1 2 3 1
4	2 2 1 2
5	1 1 1 1
6	2 2 1 2
7	1 1 9
8	2 7 1
9	1 9
10	1 7
11	4 10
12	2 2 5
13	1 2 2 9
14	1 1 5 2
15	1 1 7 1
16	1 2 1 4 1
17	1 1 5 1
18	1 2 1 2 5 1
19	6 2 2 1
20	4 6 3

Row	Clues
1	3 8
2	1 3 2 2
3	2 3 1 1 1 3
4	2 4 1 1 3
5	3 2 2
6	3 2 1
7	3 1 6 1
8	1 1 1 1
9	1 6 1 1
10	1 5 1 1
11	1 8 1 1
12	2 11 2
13	3 1 11
14	4 10
15	13
16	1 3 1 1 1
17	1 1 1 1 1 2
18	1 1 1 1 2
19	1 2 1
20	7

C67 겨울철에 인기있는 음식

					1	1		1		1									
				1	5	7	1	1	2	2			1	1					
			1	3	1	1	7	6	4	2		4	2	1	7				
	1	1	1	1	1	1	5	3	1	1	3	1	2	2	3	4	5	5	5
11	1	1	3	1	1	2	3	4	5	6	11	4	4	2	2	2	2	2	1

				11
		1	1	1
		1	1	2
	1	1	1	1
	1	3	1	1
	1	5	3	1
		1	10	1
		1	10	1
1	1	6	2	3
2	4	2	1	4
	1	1	3	5
	1	1	1	7
		2	2	10
	1	1	3	3
		1	3	5
	1	1	4	2
		2	4	2
			5	2
			6	2
			6	2

C68 나는 가슴이 울렁거려요

Column clues (left to right, top to bottom):

1. 2
2. 2
3. 2 2
4. 1 11
5. 3 10 3
6. 1 12 1 1
7. 3 2 1 1 1 1
8. 6 1 3 2 1
9. 6 1 1 5 1
10. 6 1 1 2 1 1
11. 6 1 1 2 1 1
12. 3 2 1 3 1 1
13. 3 2 1 1 1 1
14. 4 10 1 1
15. 2 1 9 3
16. 1 1 10
17. 2 1 2
18. 3 2 2
19. 1 2
20. 2

Row clues (top to bottom):

1. 7
2. 13
3. 1 9 2
4. 3 4 1 1
5. 1 9 1 1
6. 1 8 1 1 1
7. 3 1 1 1
8. 3 2 2 3 1
9. 3 3
10. 3 1 3
11. 4 4
12. 3 5 3
13. 5 5
14. 4 2 2 4
15. 5 3 5
16. 2 3 2 3 2
17. 1 2 2
18. 11 1
19. 1 1
20. 11

C69 겨울에만 나타나는 사람!

Column clues:

1	2	3	4	5	6	7	8	9	10	11	12	13	14	15	16	17	18	19	20
				1	2	2			4	5		7	7						
		1	1	3	2	1	3	2	1	3	7	2	2		8				
	2	1	1	3	1	1	3	3	1	1	1	1	2	7	1	8			
1	1	2	1	1	1	1	1	2	1	1	1	1	1	2	1	3	11	4	3
4	1	1	1	1	4	3	3	3	2	1	1	1	1	1	2	3	2	3	2

Row clues:

				2
				6
			1	9
			4	11
				14
				13
			2	8
		2	2	5
		1	2	4
		10	2	4
	1	1	2	3
		4	1	1
	1	5	1	2
1	1	1	2	1
	3	1	3	2
		1	4	1
			1	13
			9	2
		3	2	2
				4

C70 넓어서 좋은 물고기

Column clues (left to right, top to bottom)

Column	Clue
1	9 1
2	2 1 2 2 1
3	2 2 3 1 1
4	1 4 7
5	1 6 6
6	1 6 1 5
7	1 5 3 2
8	1 5 3 4
9	1 5 2 4
10	1 4 3 2 1
11	1 4 7 1
12	5 7 1
13	4 8 1
14	4 8 1
15	2 1 7 1
16	1 5 2
17	1 9
18	1 2
19	2 2
20	2

Row clues (top to bottom)

Row	Clue
1	2
2	1 2
3	2 1
4	9 1
5	2 5 2
6	1 7 1 2
7	1 8 4
8	1 8 4
9	1 8 5
10	1 6 4 1
11	1 5 6 1
12	6 8 1
13	1 1 9 1
14	4 3 4 1
15	5 1 4 1
16	1 4 6 1
17	2 3 4 1
18	6 2 2
19	10
20	7

C71 남극의 꼬마 신사

Column clues:

1	2	3	4	5	6	7	8	9	10	11	12	13	14	15	16	17	18	19	20
								2				2							
							1	1				1	1						
							2	1	2		2	1	2						
						8	1	1	1	5	1	1	1	8	8	11			
					8	1	1	1	1	1	1	1	1	1	2	1	7		
5	6	7	7	12	2	1	1	1	3	1	3	1	1	1	1	1	2	6	5

Row clues:

				5
				9
		2	1	2
2	1	1	1	2
		2	1	2
			6	6
			4	4
			4	4
			7	6
		4	3	4
			4	3
			4	4
			5	4
			5	4
	3	1	1	2
2	1	3	2	1
	1	2	1	1
		1	6	1
	1	1	1	1
			2	7

C72 나의 조그만 소망을 키우렵니다.

Column clues (left to right, top to bottom):

1	2	3	4	5	6	7	8	9	10	11	12	13	14	15	16	17	18	19	20
2	4 6	1 3 6	5 6	1 2 4	1 2 3	3 4 4	6 3 1 3	4 1 1	3 2 1 1	3 4 1 1	2 6 1 1	1 4 2 1 3	1 3 3 4	1 2 2 3	5 2	1 3 5	4 6	2 7	7

Row clues (top to bottom):

Row	Clue
1	4 3
2	1 1 1 1 1 1
3	2 2 1 2 2 2
4	5 2 2 5
5	3 1 1 3
6	1 1 1 1 1
7	1 1 2
8	1 1 1 3 1
9	3 1 1 2 3
10	5 1 3 5
11	3 3 2 2 4
12	3 8 4
13	3 10 3
14	3 1 1 3
15	2 10 2
16	1 1 1 2
17	1 1 1 1
18	2 2
19	1 1
20	6

C73 서양 장기 둘 줄 알아요?

Column clues (left to right):

Column	Clue
1	3 1
2	5 3 2
3	12
4	8 3 1
5	2 5 3 1
6	2 7
7	5 3 2
8	2 3 1
9	2 1
10	5 2
11	5 3
12	6 4
13	2 3 5 2
14	9 1 2 1
15	9 3 2 1
16	3 4 3 2 1
17	2 4 4 2 1
18	2 6 2
19	7 4
20	1 1 2 3

Row clues (top to bottom):

Row	Clue
1	1 2
2	5
3	2 4
4	6 2
5	7 3
6	10 1
7	2 1 3 4 2
8	4 2 4 1
9	3 2 4 2
10	5 2 1 3
11	5 2 1 3
12	5 2 1 4
13	6 1 4
14	4 6
15	2 2 2 2
16	6 1 1
17	6 8
18	4 10
19	2 2 2 1
20	2 2 2 2 4 1

C74 피자를 좋아하는 4마리의 거북이…

Column clues (left to right, top to bottom):

Column	Clue
1	6
2	1 5
3	1 5 2
4	4 2
5	2
6	8 2 1
7	2 3 2 3
8	2 1 1 1 6
9	1 1 1 1 3 2
10	1 4 4 1
11	1 3 2
12	5 1 7
13	2 1 4 1 1
14	4 4 7
15	2 5 4
16	1 1 5 1 3
17	1 2 1 1 4
18	2 2 4 2 2
19	2 2 3 1 1
20	2 9

Row clues (top to bottom):

Row	Clue
1	5
2	2 9
3	2 4 3
4	1 3 1 2
5	7 2 3
6	2 2 1 2
7	5 1
8	1 5
9	1 6 1
10	4 2 2 1 1 2
11	1 1 4 2 4
12	1 1 1 1 2 2
13	1 2 2 1 1 1
14	1 1 1 4 3
15	4 2 1 5 1
16	4 1 1 1 1 1
17	2 2 1 3 1 1
18	1 3 1 1 3 1
19	2 3 1 1 1 3
20	1 5 3 1 1

C75 날카로운 부리와 매서운 눈! 떴다하면 모두가 와들와들!

Column clues (left to right, top to bottom):

1	2	3	4	5	6	7	8	9	10	11	12	13	14	15	16	17	18	19	20
				2															
			2	1	3							2	3						
		2	6	4	1	3	3	4				1	2	3	2	2	3		
	9	6	2	2	4	4	2	1	4	2	2	2	2	1	2	5	3		
7	3	4	2	2	2	2	3	3	4	3	3	2	1	2	1	1	3	6	4

Row clues (top to bottom):

		2	2
		3	3
		4	4
	2	3	5
2	3	2	1
3	3	2	2
4	3	3	2
4	3	3	2
3	2	1	2
	4	2	4
3	2	2	2
	4	1	1
		4	2
		4	2
	3	1	2
2	1	1	2
		2	6
	2	4	1
	7	1	2
	5	1	2

C76 북서풍인가, 남동풍인가?

Column clues (left to right):

1. 1 4 1
2. 3 7 3
3. 2 5 3 5
4. 7 2 2 1
5. 1 5 2 2 1
6. 5 1 1 1
7. 2 1 1 6
8. 1 1 1 1 1
9. 4 1 2 1
10. 2 1 1 1 1
11. 2 1 2 3
12. 1 7 3
13. 2 1 4 1 1
14. 1 1 2
15. 1 1 5
16. 2 1 1
17. 1 3 2
18. 2 2
19. 3 1
20. 5

Row clues (top to bottom):

1. 3
2. 3
3. 2 2 4
4. 5 3 3
5. 4 2 2
6. 4 2 3 1
7. 5 1 1 1 2
8. 2 2 4 1 1 1
9. 2 1 3 4 1 1
10. 2 2 1 2 1 1 1
11. 2 5 2 1 3
12. 3 2 1 2
13. 3 2 2 3
14. 3 3
15. 5
16. 1 1
17. 2 1 3
18. 12
19. 2 1 3
20. 1 1

C77 한 번 웃으면 젊어지고, 한 번 화내면 늙는다는 말도 있는데, 이런 얼굴은 좀…

Column	Clues
1	18
2	19
3	3
4	1 2
5	3 3 1
6	3 1 1 1 1
7	2 3 3 1
8	3 1 3 1
9	2 3 2 1
10	2 1 1 3 1
11	1 6 2 1
12	6 2 1
13	1 1 1 1 1 1
14	3 3 1 1
15	3 1 1 1
16	2 3 2
17	3 1 3
18	2 3 5 3
19	2 2
20	1 5 1

Row	Clues
1	2
2	2 3 3
3	2 5 5
4	2 2 3 2 3
5	2 2 2 2 2
6	2
7	2 5 5
8	2 1 1 1 1 1 1
9	2 3 1 2 3 1
10	2 4
11	2 2 1 1
12	2 4 1 1
13	2 2 1 1
14	2 4 1 1
15	2 3 1 1
16	2 5
17	2 2 3 3
18	3 2 2 3
19	3 3
20	15

C78 스트라이크!

Column clues (left to right, top to bottom):

Column	Clue
1	5
2	7
3	9
4	4 6
5	2 8
6	4 6
7	11
8	11
9	9
10	7
11	2 6
12	2 3
13	3 2 2
14	1 5 1
15	1 2 1 1
16	1 2 1 1
17	1 5 1
18	3 2 2
19	2 3
20	9

Row clues (top to bottom):

Row	Clue
1	4
2	1 1
3	1 1
4	1 1
5	1 1
6	4
7	4
8	2 2
9	8
10	5 2 2
11	7 1 1
12	3 5 1
13	11 1
14	3 1 5 1
15	11 1
16	11 1
17	12 2
18	11 2
19	7 2 2
20	5 6

C79 요즘엔 굴뚝없는 집이 많아서 아저씨 고민이 많다던데…

Column clues (left to right, top to bottom):

Column	Clue
1	5 5
2	3 4 3
3	4 2 2 2
4	4 1 1
5	4 1 2 1
6	5 1 1 2
7	4 2
8	5 1 2
9	5 1 1 1 1
10	5 1 1 1
11	5 2 2
12	6 1
13	6 1 1 2
14	6 1 2 1
15	7 1 1
16	4 2 2 2 2
17	3 1 4 3
18	4 4 5
19	2 1
20	2

Row clues (top to bottom):

Row	Clue
1	9
2	13
3	16
4	17
5	14 1 1
6	5 5 2
7	3 3
8	1 5 1
9	1 5 6 1
10	3 3
11	2 2 2 2
12	1 1 1 1 1
13	2 1 1 2
14	1 1 1 4 1 1 1
15	1 4 4 1
16	1 2 1
17	2 2
18	1 1
19	2 2
20	1 1

C80 당랑권은 어떤 곤충!

Column clues (left to right, top to bottom):

Col	Clue
1	20
2	1 11 1
3	1 2 2 1
4	4 4 2 1
5	5 1 1 1
6	1 3 2 1 4
7	1 1 2 1 1
8	1 3 2 3 1 1
9	5 4 2 1
10	4 3 2 1 1
11	1 2 4 1 1
12	1 4 2 2 1
13	1 1 1 4 1
14	1 2 2 5
15	1 3 3 4
16	9 1 3
17	8 4 2
18	5 1 2
19	1 1 2
20	20

Row clues (top to bottom):

Row	Clue
1	20
2	1 2 2 3 1
3	1 3 3 4 1
4	1 3 3 5 1
5	2 2 2 7 1
6	3 1 2 1
7	4 3 1 2 1
8	2 1 1 1 2 3 1
9	2 1 3 2 1
10	2 7 2 1
11	2 4 2 1
12	2 2 1 1
13	2 3 4
14	3 3 1 1
15	4 1 1 1 1
16	1 2 3 2 1
17	1 4 4 1
18	1 1 3 4 1
19	1 1 7
20	20

C81 의리와 주먹으로 살아온 한 평생

Column clues (left to right, top to bottom):

Column	Clue
1	2
2	3
3	3
4	4
5	5
6	12
7	4 6 3
8	5 6 3
9	5 2 3
10	5 2 2 3
11	5 2 1 2 1 1
12	4 3 2 1 1
13	4 3 3 1
14	4 2 3
15	4 2 3
16	3 3 1 1 1 1
17	3 3 2 1 2
18	3 2 2 1 3
19	2 2 2 3
20	6 4

Row clues (top to bottom):

Row	Clue
1	11
2	13
3	13
4	9 1
5	6 1
6	1 5
7	1 9
8	14 1
9	12 2
10	8 2
11	18
12	6 4 1 1
13	4 1 4 1
14	1 2 1
15	1 1 3
16	2 3 1 1
17	1 1 2
18	2 3 1
19	1 2
20	1 2

C82 귀엽지만 이 뿔에 한 번 받치면 아마 엉덩이가…

Column clues (left to right, top to bottom):

1	2	3	4	5	6	7	8	9	10	11	12	13	14	15	16	17	18	19	20
2 5	2 1 1 2	2 3 1	2 2 1 2	3 2 1 1	3 2 1 1	6 2 1	5 2 2	4 1 3 2	3 4 1 1	3 1 1	4 2 1	4 1 1	3 3 1	2 3 2	2 3 2	2 5 2	2 6 2	2 7 3	12 3

Row clues (top to bottom):

Row	Clue
1	5
2	7
3	1 2 2
4	2 2 1
5	2 2 1
6	3 2 1
7	9 1
8	7 2
9	5 3
10	3 4
11	7 4
12	5 1 5
13	1 1 6
14	1 1 2 7
15	1 2 2
16	1 4 3
17	8 2 2
18	2 1 1 4
19	1 5 6
20	9

C83 켄터키 치킨집에서 가장 먼저 손님을 반겨주는 아저씨는?

Column	Clues
1	3 6 1
2	3 10 1
3	1 6 5 1
4	1 3 2 1 2 3 2 1
5	1 2 3 2 2 4
6	2 1 3 1 2 8
7	1 1 1 4 4 1
8	1 3 1 2 5
9	1 1 2 1 1 8
10	1 1 2 1 2 1 2 2 1
11	1 3 2 3 2 1
12	1 3 1 1 1 2
13	3 4 2 1
14	1 3 6 1
15	2 7 1

Row	Clues
1	2 2 3
2	1 1 2
3	1 1 4 1
4	2 3 4
5	1 2 1 1
6	1 1 3
7	4 2 3
8	6 8
9	3 3 1 1 1
10	3 1 1 1 1
11	2 2 2 1
12	2 1 2
13	8 1 2
14	3 1 2 1
15	2 3 1 1
16	9 2
17	3 1 2
18	1 1 1 2
19	2 3
20	3 2
21	4
22	9
23	8
24	2 2 1
25	15

C84 이 애물덩어리 때문에 속썩는 사람 엄청 많대요!

			1				1					1	1											
			1			3	1	3				1	1											
	1	1	1	1	2	1	1	1		1	6	1	1					3	2	1				
3	2	2	2	2	2	2	2	2	2	1	2	3	4	7		5	4	2	3	4	5	5	4	
1	2	3	2	1	1	1	2	1	4	1	1	1	1	1		1	2	1	1	1	2	1	1	
2	2	3	1	1	3	1	1	3	2	3	2	2	2	2	12	3	1	1	3	1	1	3	2	6
1	1	1	1	2	2	2	1	1	1	1	1	1	1	1	1	1	1	2	2	2	1	1	1	1

						2	1	2
			1	1	1	1	1	1
						1	3	2
			1	1	1	1	1	1
				2	1	1	1	1
								21
							6	2
							6	4
							6	5
						6	6	6
							14	7
					1	1	1	1
							22	1
	1	1	1	1	1	1	1	2
1	1	1	1	1	2	1	1	1
				3	3	9	3	3
				2	1	9	1	2
					1	1	1	1
							3	3
								25

C85 미식축구에서 이 선수 포지션 만큼 중요한 자리 있으면 나와 보라고 해!

Column clues (top to bottom):

	1	2	3	4	5	6	7	8	9	10	11	12	13	14	15	16	17	18	19	20	21	22	23	24	25
						1	1	1																	
					2	1	1	2											2	1			2		
					1	1	1	1	2	5									2	5	1	2	4		
				5	1	1	2	1	6	5	6	1	3		1			4	3	1	1	3	3	5	
			1	1	2	4	2	2	4	2	2	5	3	1	1	1		1	2	3	3	1	1	2	
	1	3	2	3	3	1	3	1	2	1	3	3	5	6	5	5	13	2	1	2	1	1	1	2	4

Row clues:

					5
			2	1	12
	1	2	1	3	2
3	3	1	1	2	2
	1	1	3	3	1
	1	1	10	2	1
		1	10	1	1
	2	1	6	1	2
		4	4	1	1
		2	8	2	1
2	1	2	1	1	2
2	1	1	1	1	2
	7	1	1	1	2
1	2	1	2	3	1
1	2	2	1	2	2
	6	5	1	2	2
4	2	1	4	1	1
		1	3	2	1
			3	1	2
					5

NemoNemo Logic Vol. 1

PART D

SIZE : 25×25 30×20 25×30 30×30

D86 세가는 소닉! 닌텐도는 …

Column clues (left to right, top to bottom):

Column	Clues
1	4
2	10
3	6 2
4	9 1 1
5	11 3 1
6	13 2
7	10 5 2
8	10 4 2
9	10 2 1
10	11
11	8 3
12	5 4 3
13	3 4 1 4 3
14	1 2 1 1 1 3 3
15	1 2 6 4 3
16	1 3 4 3
17	6 3 3
18	3 4 2 3 2
19	7 5 2 1
20	7 1 2
21	11 2 1
22	6 1 2 2
23	5 2 7
24	5 7
25	3 2

Row clues (top to bottom):

Row	Clues
1	4 2 2 2
2	5 1 1 1 3
3	5 1 1 3
4	7 9
5	20
6	21
7	9 7
8	11 1 4
9	7 1 2 2
10	7 3 2 1
11	5 1 1 1 2 1
12	5 2 1 5
13	7 2 1 2 2
14	8 2 1 1 1
15	9 2 1
16	9 1 1
17	1 2 2 2
18	1 2 6 3
19	1 1 7 3
20	1 1 11
21	2 7 1
22	4 1 1
23	2 6 1
24	2 5 2
25	2 3 2

D87 꼭 하늘을 날 것 같은 멋진 녀석인데… 날개를 달아줄까?

			2									7							5		3			
	2	2	2	3	2	3	3	3	3	15	18	9	4					3	11	16	4			
4	1	4	1	2	7	8	8	9	12	2	1	1	12	5	7	9	9	10	1	6	5	2	1	1

	1	1
	4	3
	6	6
3	4	4
	9	3
2	5	4
	5	3
	5	2
1	6	2
3	7	5
	2	18
	1	18
	1	18
	2	17
		18
	11	7
2	3	6
1	3	4
1	2	2
2	1	2
	1	1
	4	1
	1	1
		1
		2

D88 호빵맨을 괴롭히는 친구!

Column clues:

																		6						
						3	8		7							3		1	7					
				2	3	4	1	7	1	7			11	6		3	5	1	2					
			2	5	5	5	4	1	1	3	8	9	2	3	5	5	2	1	3	6				
2	4	4	5	1	3	2	2	3	2	3	3	3	3	3	2	1	6	2	2	2	7			
6	10	12	5	3	2	2	1	1	1	1	1	1	1	1	1	1	2	1	1	3	8	6	5	3

Row clues:

2
6 3 3
8 4 4
2 5 9
7 9
9 7
12 5
14 3
16 1
14 1
5 5 2
4 3 3 2 1
4 2 1 2 2 1 1
3 3 1 1 2 1 1
3 4 1 1 2 1 1
3 3 1 1 3 1
3 3 1 2 1
4 2 1
4 2 2 1
3 2 4
3 2 8 1
2 7 1
2 5 1
2 2
12

D89 옛날 미녀들은 이 꽃의 물로 머리를 감았다고…

열	힌트
1	5
2	7
3	8
4	3 3
5	2 4
6	2 4
7	2 3
8	2 2 5
9	3 9
10	3 4 5
11	8 3
12	9 3
13	1 3 10
14	10 11
15	7 5 3
16	3 9 4
17	3 8 4
18	2 2 3 4
19	3 3 4
20	2 3 4
21	3 3 3
22	3 3 2
23	8
24	6
25	5

행	힌트
1	1
2	2 1 1 2
3	3 1 1 3
4	4 4
5	3 3
6	5
7	13
8	19
9	4 4 4 5
10	3 5 4 4
11	3 4 1 1 3 3
12	3 6 5 3
13	10 7 3
14	6 3 3 7
15	5 3 3 6
16	2 6 2
17	4
18	3 3
19	2 4
20	2 4
21	2 4
22	2 4
23	6
24	5
25	4

D90 골뱅이하고는 어떻게 다르죠?

Column clues (left to right, top to bottom):

1	2	3	4	5	6	7	8	9	10	11	12	13	14	15	16	17	18	19	20	21	22	23	24	25
2	7	9	9	5 4 1	9 2 1 1	4 4 2 1	4 3 3 2 2	3 2 1 3 1 2	3 1 2 2 1 2	3 2 2 1 3 3	3 2 1 2 2 4	3 2 3 3 4	3 2 3 5	3 7 5	5 5 5	4 5 5	2 5 2 5	8 1 5	1 1 5	3 2 6	1 1 4 5	2 5 6	5	5

Row clues (top to bottom):

Row	Clue
1	1 1
2	1 2
3	1 1
4	1 1
5	4
6	1 1
7	3 1 1
8	9 1 1
9	13 1
10	5 6 1
11	3 3 3 1
12	3 6 3 1
13	2 2 2 1 1 1
14	2 1 3 3 1 2
15	2 1 1 1 3 1 3
16	3 2 2 3 1 3
17	2 3 3 7 4
18	2 4 6 4
19	4 9 5
20	5 5 7
21	5 1 1 9
22	4 4 10
23	4 2 11
24	4 11
25	15

D91 올림픽 체조 경기 중 하나!

Column clues (left to right):

Column	Clue
1	4
2	6 3
3	6 4
4	6 4
5	5 16
6	3 11 3
7	2 3 1 4
8	6 2 1 4
9	2 4 1 6
10	3 3 1 4
11	4 5 4
12	2 2 1 1 4
13	2 3 2 4
14	2 6 4
15	2 7 4
16	11 4
17	6 4 4
18	5 3 6
19	4 3 1 3
20	4 3 1 4
21	3 3 1 4
22	3 3 6
23	3 3 4
24	3 3 3
25	2 3

Row clues (top to bottom):

Row	Clue
1	2
2	3
3	3 3
4	5 4
5	6 4
6	6 14
7	6 13
8	4 1 2 4
9	3 2 4
10	6 7
11	2 4 5
12	3 3 4
13	4 2 4
14	7 8
15	2 15
16	2 10
17	2 5
18	2
19	4 3
20	2 1 1 1
21	3 12 5
22	23
23	23
24	22
25	1 1 1 1

D92 곤충 중의 전사! 방어력 150

Column clues (left to right, top to bottom):

Column	Clues
1	2 5
2	2 2
3	4 2 3
4	5 1 2
5	3 4
6	8 4
7	1 1 11 6
8	1 2 8 1 1 2
9	1 7 4 1 1
10	1 6 10 1
11	2 6 8 2
12	8 9 2
13	6 3 8 1
14	1 1 1 5 8 2
15	9 7 1
16	1 7 6 2
17	1 8 4 1
18	2 8 3 2
19	1 9 1 1
20	1 10
21	4 7
22	1 2 3
23	2 2
24	3 3 1 2
25	5

Row clues (top to bottom):

Row	Clues
1	2 5
2	2 2
3	4 2 3
4	4 1 2
5	2 1 4
6	9 4
7	1 1 11 6
8	1 2 8 1 1 2
9	1 7 4 1 1
10	1 6 10 1
11	2 6 8 2
12	8 9 2
13	6 3 8 1
14	1 1 1 5 8 2
15	9 7 1
16	1 7 6 2
17	1 8 4 1
18	2 8 3 2
19	1 9 1 1
20	1 10
21	4 7
22	1 2 3
23	2 2
24	3 3 1 2
25	5

D93 늑대요! 늑대! 어디야? 아니! 거짓말 아냐? 이젠 안 믿어!

Column clues:

						3	1	1	1	3						9		1	3					
	1		2		15	16	10	1	10	15	14					1	6	6	1	3	6	3	6	3
2	2	20	6	14	1	1	3	1	3	1	1	12	7	3	1	1	6	6	3	3	3	3	3	1

Row clues:

3
1 1
1 1
1 1 1
1 1 1 1
1 1 4
1 3 2
1 4 3
7 3 2
7 4 4
1 4 4 2
1 4 4 8
1 4 4 9
1 4 5 9
5 4 1 1 1 2
5 4 1 1 1 1
5 4 1 1 1 1
5 5
5 5
5 5 2
1 3 1 3 4
1 1 1 2
1 1 1 7
1 3 3 7
9

D94 심리 테스트에 꼭 나오는 그림

													6											
											6	7	2	5										
		6	7	5	6			7	8	7	1	2	3	3	5									
3	5	1	1	8	1	7	6	6	2	3	1	1	1	3	3	2	3				1	2	3	4
4	5	6	7	7	10	8	8	1	3	1	1	1	2	4	5	6	7	7	8	8	9	9	9	9

		12	2
		14	2
		14	2
		15	2
		14	1
	2	10	1
1	1	3	4
	1	1	2
2	1	1	1
	3	2	1
	1	2	2
		1	1
1	1	2	1
1	1	1	2
1	2	2	1
1	1	1	1
1	1	2	4
	5	1	6
7	1	1	8
		11	9
		8	10
		9	11
		8	11
		8	12
		9	13

D95 동자몽을 구출하자!

Column clues (left to right, top to bottom):

Col	Clues
1	4 1 1 3 2 4
2	4 1 1 2 2 3
3	6 2 1 1 2
4	3 1 2 1 1 1
5	2 1 2 1 1 1 3
6	2 4 2 1 1 1 1
7	7 2 1 1 1 2
8	2 6 1 1 2 2
9	7 2 1 1 1 2
10	2 4 2 2 1 1 1
11	2 1 2 2 1 1 3
12	3 1 2 3 1
13	6 2 3 2
14	4 1 1 3 2 3
15	4 1 1 7 4
16	5 1 1 5 5
17	1 4 1 1 3 6
18	2 3 1 1 1 4
19	7 1 3 4
20	9 4 5
21	16 5
22	14 6
23	10 7
24	6 1 3
25	1 1

Row clues (top to bottom):

Row	Clues
1	18
2	16 3
3	4 1 1 6 3
4	3 1 1 5 4
5	1 2 2 1 8
6	1 2 2 1 7
7	1 2 2 1 7
8	2 2 6
9	2 3 5 5
10	3 5
11	2 1 6 4
12	1 4
13	6 1 6 3
14	16 3
15	1 4 2
16	7 3 3
17	2 4 3 3
18	2 5 3 2
19	15 2 1
20	3 2
21	17 4
22	3 3 13
23	2 1 1 11
24	1 1 1 1 10
25	2 1 2 8

D96 유리구두를 잃어버렸나 봐요!

Column	Clues
1	3 9
2	8 9
3	3 2 1 2 8
4	2 1 2 1 7
5	2 1 2 1 6
6	3 2 1 6
7	8 4 1 7
8	7 2 2 8
9	10 11
10	22
11	6 1 9
12	1 11
13	5 6 1 1
14	1 1 5 1
15	4 1 1 1
16	1 1 1 1 1
17	3 1 1 1 2
18	1 1 1 1 1 2
19	1 1 1 1 1 3
20	1 1 1 1 1 4
21	1 1 1 1 1 3 1
22	1 1 1 1 1 3 1
23	1 1 1 1 1 6
24	1 1 1 1 1 3 1
25	1 1 1 1 1 1

Row	Clues
1	6 9
2	8 1
3	1 6 11
4	2 5 1
5	11 1
6	3 6 13
7	2 5 1
8	2 1 1 2 1
9	2 1 2 1
10	1 18
11	1 2 1
12	1 1 1
13	1 1 1
14	1 1 1 3
15	3 18
16	4 8
17	2 2 6 3
18	3 7 4
19	4 8 5
20	13 3 1
21	12 4 1
22	25
23	8 1
24	7 1
25	7 1

D97 귀염둥이 스누피는 어떤 모습으로 일광욕을 할까요?

열	세로 힌트
1	3
2	6
3	5 3
4	5 5 3
5	5 7 3
6	2 1 1
7	3 2 9
8	3 10
9	2 1
10	7 6 3
11	1 9 3
12	6 2 6 3
13	2 2 1 6 3
14	1 1 1 5 3
15	1 2 1 1 1 5 3
16	1 1 1 1 2 8 3
17	2 1 1 3 6 3
18	1 1 6 3
19	2 4 1 6 3
20	6 1 3 6 3
21	1 6 3
22	14 3
23	5 3
24	6
25	3

행	가로 힌트
1	1 3 1
2	1 1 1
3	1 1 1
4	2 1 1 1
5	2 2 3 1
6	4 2 2
7	2 2 7
8	1 1 3
9	1 1 1 1
10	1 1 4 1 1
11	2 1 2 2 1 1
12	1 1 1 1 2 1
13	1 2 2 1 1 1
14	1 1 1 4 3 1
15	2 1 1 1
16	9 7
17	3 2 14
18	3 2 14
19	3 2 14
20	4 2 15
21	4 2 15
22	1 2 1
23	5 2 16
24	5 2 16
25	5 1 16

D98 빙글빙글 어지러워요!

Column clues (left to right, read top to bottom)

Column	Clues
1	4 1
2	4 1 2 1
3	1 2 4 4 2
4	4 1 2 1 2 1
5	1 2 4 4 2
6	4 2 2 2 1 1
7	2 1 5 2
8	2 1 2 2
9	1 1 2 8
10	4 7 1 3
11	1 2 2 1 2 2 2
12	5 1 3 2 4 1 1
13	1 8 7 2 1 1
14	4 1 3 1 5 1 1
15	2 1 4 1 2 2
16	7 1 4 3
17	2 1 1 1 3
18	2 1 2 7
19	5 1 2 2
20	1 3 2 4 1 1
21	4 4 1 2 2
22	1 2 1 2 4 1
23	4 4 1 2 2
24	1 2 4 1
25	4 1

Row clues (top to bottom)

Row	Clues
1	5
2	1 1 1 5
3	5 1 1 1
4	5 5 5
5	1 1 2 2 5
6	7 1 3
7	5 2 1 2
8	8 5
9	2 1 2 1 1 1
10	1 3 1 6
11	12 12
12	1 1 2 1 3 1
13	5 2 1 2
14	5 8
15	2 2 1 2 5
16	3 1 1 2 3 1 1
17	5 2 2 1 6
18	1 1 1 1 5 1 5
19	5 1 1 1 1 1
20	5 1 5 1
21	1 5 1
22	1 1
23	17
24	3 5 5 3
25	3 1 2 3 2 1 3

D99 천방지축 손오공을 막아라!

Column clues (left to right, top to bottom):

							2	1																
							2	1	1				3	2	2									
							2	2	4	2	3		2	4	1	3								
			4	4	5	5	1	2	3	2	7	4	3	2	2	2	6					3		
		3	4	2	1	1	1	3	2	5	2	5	3	1	1	1	1	6			4	3	2	
1	2	6	2	2	2	3	2	1	1	6	1	1	2	1	3	2	3	2	5	5	4	2	3	1
13	14	6	2	2	2	1	1	1	1	2	1	1	1	1	2	3	3	6	14	13	4	2	2	9

Row clues (top to bottom):

10
3 9
4 2 3 5
5 2 1 2 5
10 2 6
10 1 11
3 11
14
5 18
4 6 7
4 3 6
3 3 1 3 1
3 2 1 3 2 1
2 4 1 2 2 1 1
2 4 2 1 1
2 2 1
3 1 3 1 3 2
5 3 7
4 1 6
3 1 1 4
2 4 1 3
2 4 3
2 3
2 1 3
12

D100 집념의 혼다!

Column clues (left to right, read top to bottom):

Column	Clues
1	4
2	2 1
3	2 2
4	2 8
5	2 10
6	1 3 7
7	2 3 4
8	3 4 5
9	4 3 1 4
10	4 4 1 2 1
11	1 3 5 1 2
12	2 2 9 1 2
13	5 6 2 2 1
14	3 7 2 2 2
15	3 2 5 3 1 2
16	2 1 4 3 3 1
17	2 2 4 3 1 2
18	2 1 4 3 3 1
19	3 2 5 3 1 2
20	3 6 3 2 2
21	5 4 2 1 2 1
22	2 2 5 2 1 2
23	1 3 4 2 1 2
24	4 7 2 1
25	4 5 2

Row clues (top to bottom):

Row	Clues
1	1 4 13 1
2	1 4 11 2
3	2 4 3 3 3
4	4 5 1 5
5	4 4 5 4
6	4 1 1
7	7
8	8 3
9	7 5
10	6 7
11	15
12	9 4
13	10 2
14	2 1 6 1 3
15	1 2 1 3
16	4 10
17	5 7
18	6 5
19	7 2
20	3 3 3
21	3 1 7 1
22	3 2 1 1 2
23	2 2 2 2 2
24	3 2 2 1 2 2
25	4 2 2 3 2 2

D101 인어공주의 즐거운 한때

Column clues (top to bottom):

Col	1	2	3	4	5	6	7	8	9	10	11	12	13	14	15	16	17	18	19	20	21	22	23	24	25
			1							1	4							3	3						
			1	2				5		3	1	2			8	3		1	2	4					
		4	4	2	1	3	5	1	5	1	1	1	1	1	1	1	2	1	3	3	8				
		3	3	4	11	4	3	4	5	2	1	1	1	1	6	2	3	5	4	7	1	7	7	7	7
	4	2	4	10	1	5	5	4	4	2	3	5	6	6	1	14	8	2	2	2	4	2	2	1	1

Row clues:

Row	Clues
1	5
2	2 7
3	2 5 2 4
4	1 4 2 1 3
5	8 2 1 3
6	1 6 1 4
7	2 1 1 1 6
8	1 1 2 7
9	1 1 5 7
10	2 2 4
11	3 2 1 3
12	3 2 6 2 2
13	3 3 2 4 1
14	5 5 2
15	3 1 1 2
16	3 1 1 1
17	4 5
18	4 7
19	5 6 1
20	2 3 7 1
21	1 5 9 2
22	10 6 2
23	8 9
24	2 9 3
25	2 7 2

D102 내 사랑 올리버

열	1	2	3	4	5	6	7	8	9	10	11	12	13	14	15	16	17	18	19	20	21	22	23	24	25
	2 2	3 2 2	9	11	4 3	3 2 1	4 3 4 2	8 2 2 1	8 1 2 1 2	4 1 1 1 1	8 1 1 1	8 1 1	8 1 2 1 1	4 1 1 1 1	7 2 1 2	7 4 1	7 1	3 4 1 2	7 2	7 1 3	12	9	6 3	3 2 2	2 2

행	힌트
1	3
2	2 3
3	3 3 3
4	4 3 4
5	13
6	13
7	10
8	12
9	4 5
10	3 3
11	1 3 3 3
12	2 2 2 3
13	2 1 1 3
14	3 1 1 1 1 3 2
15	4 1 2 2 1 8
16	4 6
17	2 1 3
18	4 6
19	4 5
20	2 1 1 3
21	4 7 6
22	4 7
23	3 1 3
24	3 3
25	7

D103 피터팬의 절친한 친구!

Column clues (top to bottom, left to right):

Column	Clues
1	10 3
2	1 1 4
3	1 1 4 4
4	1 2 1 1 4
5	2 1 1 7
6	2 3 5 3
7	2 1 1 5 2
8	2 1 1 7 3
9	1 3 1 5 5
10	6 5 3
11	9 7 5
12	2 1 14 3
13	1 13 2
14	2 1 14 3
15	9 7 5
16	6 5 3
17	1 3 1 5 5
18	2 1 1 7 3
19	2 3 1 1 5 2
20	2 1 8 5 3
21	2 3 1 1 7
22	1 2 1 1 4
23	1 1 4 4
24	1 1 4
25	10 3

Row clues (left to right, top to bottom):

Row	Clues
1	5 5 5
2	1 2 2 2 2 1
3	1 2 1 1 2 1
4	1 2 1 1 2 1
5	1 2 1 1 2 1
6	1 3 3 3 1
7	1 3 3 1 1 1
8	1 9 3 1
9	1 9 1 1
10	2 1 3 1 1 2
11	2 4 3 5 2
12	3 5 3
13	3 7 3
14	3 9 3
15	1 11 1 1
16	1 13 1
17	1 15 1
18	7 5 7
19	4 3 4
20	6 5 6
21	4 5 5 4
22	4 3 3 4
23	6 5 5 6
24	3 5 5 5 3
25	2 3 3 3 2

D104 뛰어난 육상선수

Column clues (top to bottom):

1	2	3	4	5	6	7	8	9	10	11	12	13	14	15	16	17	18	19	20	21	22	23	24	25
6	7	9	10	3 5	3 5	3 7	3 9	2 12	2 13	2 8	2 2 2	2 1 1	2 6	2 7	3 1 6	3 2 2	8 2	9	7 6	2 11	1 9	1 11	2	1

Row clues (left to right):

Row	Clue
1	3
2	2 1
3	1 2
4	1 1
5	1 1
6	10 2 1
7	12 4
8	4 3 4
9	3 2 3
10	3 2 3
11	3 2 3
12	3 6
13	5 1 1 7
14	11 8
15	12 5
16	12 3
17	11 3
18	1 2 8 4
19	6 3
20	4 4
21	4 3
22	3 3
23	2 3
24	2 2
25	2 2

D105 저 높은 곳을 향하여!

Column clues (left to right):

Column	Clue
1	5
2	1 2 2
3	3 2 2
4	4 1 1
5	6 1 1 1
6	8 1 2 1
7	10 3 1 2
8	13 2 1 2
9	13 7
10	17 2
11	13 3 1
12	3 5 5 1 1
13	1 1 8
14	1 1 1 5
15	5 1 2 1 1
16	8 1 1
17	10 3 5
18	12 3 2
19	12 1 1 2
20	16 1 1
21	2 8 1 3 1
22	1 5 1 1
23	3 3 2 2
24	2 2
25	5

Row clues (top to bottom):

Row	Clue
1	5
2	4 6
3	5 6
4	5 9
5	5 7 1
6	7 7 1
7	18
8	9 7
9	21
10	11 7
11	9 6
12	8 6
13	10 1 1
14	7 3 4
15	1 1 4 3 2
16	5 2 2 2
17	5 3 2 1 1 1 1
18	2 8 1 2 1
19	2 3 3 1 1
20	1 1 2 2 2 2
21	1 7 2 2
22	1 1 5
23	2 2
24	2 2
25	5

D106 요즘에 이런 근성을 가진 사람이 많다면 얼마나 좋을까?

Column clues (left to right, top to bottom):

Column	Clue
1	3
2	2 1 3 2
3	1 1 1 3 2
4	1 8 1 1
5	1 3 4 1 1
6	3 1 3 2 5
7	1 2 2 2 2
8	1 3 3 2 2 1
9	1 7 2 1 1
10	1 13 1 5
11	2 13 1 1
12	4 12
13	12
14	12
15	12
16	1 11
17	1 9
18	1 9
19	1 8
20	2 1 8
21	2 1 7
22	4 5
23	4
24	1 1 1
25	1 5

Row clues (top to bottom):

Row	Clue
1	3 4
2	1 1 1 1
3	1
4	7
5	10
6	1 2 5
7	1 1 4 2
8	1 2 1 4 3
9	2 2 4 1
10	12 1
11	7 13
12	4 6
13	8
14	9
15	2 9
16	2 2 11
17	5 10
18	14
19	16
20	2 12
21	2 16
22	1 1 9 1
23	1 1 6 1
24	1 1 1
25	3 3 2

D107 모자 쓴 꽃돼지를 상상해 보세요!

Column clues (left to right, top to bottom):

Column	Clues
1	2 1 1 2 5
2	2 1 2 2 2 1
3	5 1 3 2 2 3
4	2 1 1 1 2 2 2
5	5 1 1 2 2 5
6	2 2 2 2
7	2 1 1 2 4
8	4 1 3 1 5
9	8 5 5
10	6 7
11	6 6
12	6 5
13	5 2 2
14	5 3 3 1 1
15	2 1 2 2 1 1
16	3 1 3 2 1
17	4 2 1 2
18	5 1 1 1
19	5 1 1 1 1 1
20	4 1 1 2 1 1 1
21	2 2 3 1 1 1 2 1
22	2 1 3 6
23	2 5 8
24	5 2 2 4
25	6 4

Row clues (top to bottom):

Row	Clues
1	5 4 3
2	5 6 5
3	1 1 7 6 2
4	1 1 14 3
5	3 13 2 1
6	5 2 1
7	6 2 2
8	4 3 2 2
9	2 2 1 1 1
10	2 1 1 1 1
11	1 3 1 2 2
12	2 1 2 2 2
13	2 1 2 1
14	2 5 1
15	2 1 1 1 1
16	5 3 1 1 1 2 1
17	5 1 2 2
18	1 1 1 1 2
19	5 2 1 5 1
20	5 2 2
21	1 1 6 2
22	1 1 1 11 5
23	3 1 6 9
24	1 8 4
25	10 5

D108 에디슨의 발명품

Column	Clues
1	2 1 3 2
2	2 1 3 1
3	7 6 1
4	1 1 5 2 2
5	1 1 6 4 2
6	7 6 1
7	8 6 1
8	2 3 7 2
9	1 2 7 2
10	1 2 8 1
11	1 2 8 1
12	1 2 5 3 2
13	2 2 2 2 7 2
14	2 2 4 7 1
15	7 4 7 1
16	1 2 2 2 1 7 2
17	2 2 2 2 1 7 2
18	7 2 1 5 1
19	2 2 1 3 1
20	3 1 1 3
21	1 3
22	2 1 3
23	2 1 3
24	7 3
25	1 1 12

Row	Clues
1	2 6 3
2	1 1 2 3 2
3	2 1 2 1
4	1 1 1 2 1 2
5	1 3 4 1
6	1 3 1 3 1
7	3 4 3 3 2
8	2 3 2 2 3 1 1
9	3 2 2 2 1
10	2 3 2 3
11	3 7 2
12	2 4
13	2 3
14	3 14
15	1 2 3 2
16	1 10 2
17	3 13 1 1
18	3 15 1 1
19	11 8 2 1
20	16 1 1
21	14 2 1
22	12 1 1
23	2 1
24	20 1
25	1 2 2 2 2 1 1

D109 잠자는 백설공주!

																1								10
				2											1	1								1
	6	6	1	2			1		6	5				2	1	1	10	2	2				11	1
6	2	1	6	1	1		4	5	1	1	4			1	1	1	1	2	2	2	4		1	1
1	1	1	4	1	3	1	1	1	2	1	2		4	1	4	1	3	8	1	2	1	16	3	1
11	12	10	9	8	8	8	5	1	1	3	3	0	1	2	2	2	2	3	5	12	5	3	2	1

5 6
3 1 8
3 1 4
4 1 4
5 2 1 3
8 2 1 3
1 1 3
2 1 1 3
1 2 2 3
1 5 3
1 1 1 1 3 3
5 5 3 1 1
1 5 1 1 5 1
3 5 2 2 1 2
2 5 1 2 1 1 1 1
3 3 1 2 1 2
4 1 1 3 1 2
7 1 1 1 1 1
7 2 1 1
7 1 2 3 1
8 3 7
8 1 1 9
8 2 2 5
11 2 3
8 1 2

D110 바다의 햇섬보이

Column clues (left to right, top to bottom):

Column	Clues
1	2
2	2 1
3	3 1 1
4	3 2 2
5	3 2 2
6	4 3 3
7	3 2 3 4
8	5 1 4 4 1
9	4 1 4 7
10	5 6 6
11	6 4 4
12	5 1 5 2
13	5 6 2
14	13 3
15	11 1 1 2
16	11 2 1 2
17	10 3 3
18	11 3
19	9 5 2
20	10 2
21	18
22	17
23	3 11
24	2 9
25	1 5

Row clues (top to bottom):

Row	Clues
1	5
2	8
3	11
4	18 5
5	6 1 15
6	5 1 11
7	2 1 9
8	1 10
9	1 12
10	15
11	17
12	20
13	22
14	9 1 1 6
15	2 1 5
16	1 1 5
17	1 1 4
18	5 1 1 4
19	6 1 1 3
20	5 1 1 3
21	4 1 5
22	4 1 4
23	9
24	7
25	4

D111 울고 있는 ○○○

															10									
		3						9	9	8	7	7	8		1							4		
		3	3	5			9	1	3	3	3	3	1	9	1			6		4		1	5	
	4	5	7	2		9	3	1	1	1	1	1	1	3	1	10		2	5	5	3	1	1	1
3	1	1	1	3	18	1	3	3	1	1	1	1	1	3	3	1	19	3	7	1	3	5	7	1
3	2	1	2	4	4	4	3	3	3	1	1	1	3	3	3	4	4	4	5	4	3	2	1	9

7
5 9
7 11
18 2
18 2
18 1
2 14 1
1 13 1 1
3 13 1
1 1 13 1 1
3 2 2
3 3 1 3
2 1 1 1 3 1 2
2 1 3 1 1 2
2 1 3 1 1 2
4 3 4 1
4 3 1 4 2
3 3 3
1 9 1 4
3 3 5
9 1 4
4 5 3
3 18 2
2 7 10 1
1 8 11

D112 빰빠라밤! 나팔

Column clues (top to bottom, columns 1–25):

Column	Clues
1	1 5 2
2	6 1 5
3	4 2 1 1
4	3 4 6
5	2 4 6
6	2 4 5
7	3 4
8	5 3
9	1 2 1 1 1
10	3 3 3 3
11	11 5 6
12	2 3 7 4 3
13	1 4 6 3 3
14	5 6 1 3 1
15	5 2 1 4
16	1 2 3
17	2 1 3 6
18	3 2 5 2 4
19	4 5 3 5
20	4 4 4 4
21	4 1 3 5 3
22	3 4 1 2 3 1
23	3 8 1 5
24	10 4
25	6

Row clues (left to right, rows 1–25):

Row	Clues
1	2
2	3 8
3	6 3 3 7
4	5 6 7
5	3 2 5 6
6	3 5 5 2
7	2 6 1 4
8	2 3 1 3 1 5
9	1 4 6 2 4
10	4 6 4
11	5 2 3
12	4 3 2
13	1 3 5 2
14	4 5 8
15	2 2 3 8
16	1 3 2
17	1 4 3 5
18	5 4 6
19	5 2 3 3
20	4 3 4 3
21	4 6 3
22	2 2 4 3
23	3 5 2
24	4 5 2
25	3 6

D113 땡칠이

Column clues (left to right, top to bottom):

Column	Clues
1	3
2	4 3
3	2 1 2 2 5 2
4	1 1 6 2 3
5	2 2 1 2 7 1
6	2 2 1 1
7	1 1 4 2 1
8	1 5 2 1
9	1 6 2 3
10	1 6 2 5
11	2 5 2 2 1 1 1
12	3 3 3 1 2
13	14 5
14	8 2 2
15	4 6 2 1
16	6 5 1 1
17	8 5 1 1
18	9 3 1 1
19	5 2 1 1 1
20	4 3 2 2 1
21	4 4 3 1
22	13 1
23	13 2
24	13 2
25	7

Row clues (top to bottom):

Row	Clues
1	6
2	2 2 2 4
3	4 1 6
4	1 1 2 8
5	2 2 1 10
6	1 1 4 1 5 3
7	5 5 1 4 3
8	1 5 1 4 1 3
9	2 5 1 5 3
10	3 5 2 4 3
11	1 3 3
12	13 4
13	15 5
14	1 12
15	2 7 4
16	1 8 2
17	1 2 7 2
18	1 1 1
19	3 2 6 1
20	2 1 2 2 1
21	1 1 2 1 1
22	1 4 1 1
23	2 2 1 2
24	2 1 3 2
25	7 13

D114 우리 둘이서

Column clues (left to right, top to bottom):

Column	Clues
1	4
2	9
3	1 6
4	4 3 3
5	1 1 3 5
6	1 4 7
7	1 3 8 3
8	1 18
9	1 1 6 10
10	6 2 10
11	2 2 1 9
12	1 1 1 1 6
13	1 2 1 11
14	1 1 2 3 3 1
15	5 9 2
16	1 3 5
17	4 3 2
18	1 1 2 4 1
19	2 3 1 2
20	7 4 5
21	8 1 2 2
22	7 3 3 1
23	4 3 3 2
24	2 4 5
25	3

Row clues (top to bottom):

Row	Clues
1	5
2	3 1 3
3	3 1 1 2 1 3
4	1 3 1 1 2 3
5	1 1 2 1 1 1 4
6	4 3 1 1 6
7	3 2 4 7
8	3 4 11
9	9 1 1 2
10	6 4 1 2 5
11	3 3 4 1 1 3
12	2 3 1 6
13	3 3 3 1 2
14	3 1 2 1
15	3 3 1 1
16	10 2
17	9 1
18	9 2
19	9 1
20	7 1 2
21	2 4 1 1 1 1
22	1 4 1 1 1 1
23	2 5 1 1 1 1
24	1 4 1 3 3 2
25	1 4 11

D115 얼마 전에 박태환 선수가 금메달을 목에 걸었죠!

Column clues (left to right, top to bottom):

Column	Clues
1	2 3
2	2 2 2 3
3	2 2 2 4
4	1 1 1 1 1
5	2 5 5 2 1
6	2 4 8 2
7	1 4 8 2
8	4 7 3
9	2 1 7 2 3
10	1 1 6 1 2
11	1 1 5 1
12	1 1 4 2 1
13	1 1 3 2 2 1 2
14	1 1 2 1 1 1 2
15	1 1 2 2 3
16	1 1 4 4
17	1 1 1 1 4 1 2
18	1 2 2 2 1 1
19	2 4 2 1 1
20	2 9 2
21	2 2
22	2 3
23	3 4
24	12 2
25	9

Row clues (top to bottom):

Row	Clues
1	2
2	3
3	2
4	3
5	2
6	3 13
7	3 3
8	8 2
9	3 15 2
10	3 2 1
11	2 8 2 2
12	1 10 2 1
13	7 1 1 1 1
14	7 1 1 1 2
15	7 2 1 1 2
16	6 1 1 1 2
17	5 1 1 2
18	4 2 4 2
19	3 2 2 1 3 2
20	2 1 1 1 2
21	2 2 2
22	3 4 3
23	3 2 2 2
24	3 5 5 5
25	24

D116 조조의 자가용

Column clues (left to right, top to bottom):

Column	Clues
1	6
2	2 1
3	3
4	4
5	2 3
6	2 1 1 2 2
7	10 1 1 1
8	3 4 4
9	10 1 4
10	2 1 2 2 1 1
11	1 2 2 1 5 1
12	1 18
13	1 14
14	2 1 5 4
15	1 1 5 1
16	2 1 7
17	1 7 1 1
18	1 7 3 1
19	2 5 1 4
20	3 5 5
21	1 1 4 7
22	3 13 1
23	3 14 2
24	2 8 9
25	4 7 2

Row clues (top to bottom):

Row	Clues
1	1 1 5
2	2 2 2 2
3	2 2 6
4	3 1 2 3
5	5 1 1 1
6	1 3 1 1 2 1
7	3 4 1 1 1
8	1 2 2 1 1 5
9	3 4 1 8
10	3 5 9
11	1 1 1 14
12	4 5 9 4
13	5 9 5
14	1 8 2 4 6
15	1 3 2 4 8 1
16	1 3 4 2 5
17	1 9 1 6
18	1 4 2 6
19	3 2 4
20	2 1 3
21	2 1 2
22	1 2 1
23	1 1 1
24	1 2
25	1 2

D117 그랑프리

Column	Clue
1	2
2	6 6
3	6 6
4	6 2 6
5	6 2 6
6	1 1 2 1 1
7	2 2
8	3 1 1 1 1 3
9	3 1 1 1 1 3
10	8 8
11	3 1 1 1 1 3
12	3 1 1 2 1 1 3
13	3 3
14	1 1
15	3 3
16	4 4
17	1 6 1
18	1 6 1
19	1 6 1
20	1 6 1
21	3 4 3
22	4 1 2 1 4
23	4 1 4 1 4
24	5 1 2 1 5
25	8 8
26	5 4 5
27	4 2 2 4
28	4 8 4
29	10
30	10

Row	Clue
1	5 7
2	5 7
3	4 5 7
4	4 1 7
5	4 3 6 3
6	4 1 1 1 2 2 1 2
7	4 1 1 1 2 1 1 1 4
8	19 2 4
9	1 1 5 1 1 3
10	1 3 1 8 1 3
11	1 3 1 8 1 3
12	1 1 5 1 1 3
13	19 2 4
14	4 1 1 1 2 1 1 1 4
15	4 1 1 1 2 2 1 2
16	4 3 6 3
17	4 1 7
18	4 5 7
19	5 7
20	5 7

D118 정열의 상징, 꽃의 여왕

Column	Clues
1	5
2	4 4
3	3 4 3 5
4	5 3 3 5 1
5	2 2 2 2 6
6	7 1 1 5
7	1 3 2 1 4 5
8	3 4 1 2 8
9	9 1 1 1 2 4 1
10	3 2 2 3 3 9
11	5 3 1 5 3
12	1 4 1 3 1 3 4 2
13	4 3 2 4 1 1 2
14	4 6 1 4 4 2
15	3 2 5 4 3
16	2 2 2 1 3 9
17	4 1 2 1 3 1 2 4 1
18	1 2 1 2 1 8
19	2 1 2 2 1 2 5
20	3 1 1 2 2 3
21	2 3 3 1 3 1
22	5 4 2 4
23	3 1 2 2 3 2
24	1 2 1 3
25	3 1 3

Row	Clues
1	2 1 1 2
2	4 2 1 2 2 1
3	3 3 2 1 1 2 1
4	4 3 3 1 1 1 2
5	2 2 4 2 4
6	2 2 1 2 1 2
7	1 4 1 2 3 1 1
8	2 2 5 3 1 3
9	3 4 3 2 2
10	8 3 4 1
11	3 2 2 2 1 1 1
12	4 2 2 1 1
13	4 2 2 3 2 2
14	6 2 2 5 3
15	4 2 2 3 2 3
16	2 4 1 1 3 3
17	1 4 1 2 1 3
18	1 5 9 1 5
19	4 7 2 3
20	4 11 3 1
21	3 2 1 1 2 4
22	1 2 1 1 1 2 3
23	1 2 1 1 1 1 2 1
24	2 1 1 1 1 2 1
25	4 1 1 4
26	4 1 1 4
27	3 1 3
28	3 3
29	7
30	9

D119 이렇게 좋을 수가!

					3		6		10							3	4		4	3									
			5	5	1	9	1	6	1	5	7	5				1	2	7	2	1									
2	2	11	13	5	4	4	2	1	2	6	5	12	10	2	3	2	2	2	2	2	9	8	8	13	13	8			
2	2	1	4	6	8	8	7	6	5	6	7	8	8	6	4	1	2	2	2	2	1	2	2	9	1	1	9	1	1

		1	1	1	1
		1	1	1	1
		1	1	1	1
		1	1	1	1
			2	4	2
				8	2
				10	2
				10	2
			3	8	2
			2	7	2
			2	3	4
2	1	1	2	5	6
		2	2	5	6
		2	3	5	6
	3	1	4	3	6
		4	4	1	6
		5	4	3	6
					28
	7	2	2	2	1
2	1	1	2	1	4
		1	2	1	1
			2	1	1
	3	3	2	1	1
		5	5	3	1
		8	6	2	1
		2	15	1	1
		1	13	2	1
			11	2	2
			9	2	2
				9	3

D120 이거 왜이리 안 나오는 거야?

Column clues (left to right):

1. 3
2. 1 1
3. 1 1
4. 1 6 1
5. 3 9
6. 1 2 11
7. 1 2 12
8. 2 3 16
9. 5 12 4
10. 16 2 4
11. 15 5 4
12. 12 8 1 1
13. 10 11 1 1
14. 8 9 1 1
15. 8 2 2 1
16. 7 2 10 1
17. 7 10 3
18. 6 4 1 2 1
19. 5 4 2 1
20. 5 2 1 1
21. 4 1 1 1
22. 3 2 1 1 1
23. 2 4 2 1
24. 6 1 2 1
25. 2 7 2
26. 2 3 1
27. 7 2 1
28. 4 2 1
29. 4 1
30. 3

Row clues (top to bottom):

1. 5
2. 1 2
3. 2 3
4. 7
5. 7
6. 6
7. 8
8. 11
9. 14
10. 16
11. 18
12. 20
13. 21
14. 12 1
15. 10 10
16. 1 8 8 5
17. 1 8 3 3 2 2
18. 1 6 3 4 3 1
19. 1 5 4 2 1 1 1 1
20. 3 3 5 4 3 2
21. 1 5 2 1 1 1 2
22. 2 4 3 2 2
23. 2 4 3 2 3
24. 2 3 2 2 1
25. 2 2 1 2 4
26. 2 1 2 6
27. 3 5 1 2 1
28. 1 1 1 2 2 1 1
29. 1 1 3
30. 5

D121 별이 쏟아지는 해변으로 가요!

Column	Clues
1	1 2 1
2	2 3 3 1
3	2 3 3 1
4	3 4 2 1
5	3 3 2 1
6	6 3 1
7	8 7 1
8	2 2 13
9	4 21
10	3 2 5 7
11	3 3 2 5
12	3 6 17
13	3 6 2 1
14	2 2 3 1 1
15	3 1 3 1 9 1
16	2 2 3 4 2 3 2
17	1 2 2 2 2 2
18	2 2 2
19	11 5 1
20	4 5 2 2 1
21	4 2 4 1 1 2 1
22	4 2 3 2 5
23	3 1 4 3
24	7 1 2 1 2
25	1 1 1 2 2 3
26	1 1 1 2 5 1
27	3 3 4 5 1
28	1 1 3 6 2 3 1
29	1 1 11 1 1 4
30	17 2 5

Row	Clues
1	5
2	7 7
3	5 4 1 3 1 1
4	5 3 4 1 1
5	4 2 7 7 3
6	4 4 3 3 1 1 1
7	11 2 1 1 1
8	6 7 2 7
9	7 6 1 3
10	2 1 3 6 1 2 2 3
11	7 1 2 2 2
12	5 3 4 1 2
13	3 1 2 1 1 1 3
14	2 2 1 1 2 2 3
15	1 3 1 2 3 4
16	2 1 1 4 4
17	2 1 1 4 4
18	3 1 2 5 4
19	3 1 1 2
20	3 1 3
21	3 1 2
22	3 1 2
23	3 1 1 4 4
24	4 1 1 2 3 3 1
25	3 1 1 1 1 5 1
26	12 1 2 2 4 1
27	5 5 1 5
28	4 3 3 2 3
29	4 2 1 4 1 2
30	8 1 6 3

D122 오동통한 내 ○○○

Column clues (top to bottom):

Col	Clues
1	4
2	4 2 2
3	3 3 3 1
4	2 2 7 1 2
5	1 1 10 1 2
6	14 2
7	4 7 4 3
8	6 2 2 8
9	1 5 1 1 3 1
10	8 1 1 2 3
11	8 1 1 1 5
12	4 4 1 1 6
13	3 1 4 1 6
14	4 5 1 6
15	10 3 5
16	6 1 2 1 1 3
17	5 1 1 3 4
18	3 2 1 1 1 5
19	2 1 5 1 6
20	3 5 1 1 6
21	8 1 1 7
22	8 1 1 1 5
23	1 5 1 1 2 3
24	7 2 2 4 1
25	4 8 9
26	21
27	1 12 2
28	1 2 10 2
29	3 3 1 1
30	4 7

Row clues (left to right):

Row	Clues
1	2 2
2	2 1
3	1 9 2
4	2 15 1
5	1 11 3 1 1
6	1 1 3 4 1 5 2
7	2 5 1 4 6 1
8	1 6 3 8 2
9	2 9 1 7 2
10	2 10 7 1
11	1 7 4 2
12	3 7 5
13	7 1 2 4
14	3 4 4 4
15	3 1 1 4
16	5 2 3 2 5
17	7 7
18	4 4
19	3 3
20	3 3
21	3 3
22	5 4
23	1 3 1 7
24	2 6 6 1
25	2 2 4 3 3 4 1
26	1 2 5 5 3 1
27	1 1 14 2 1
28	2 2 14 2 1
29	7 14 6
30	6 5 6 5

D123 강 스파이크

Column clues (left to right):

Column	Clue
1	1
2	1
3	4
4	2 2
5	2 2
6	1 1 1
7	1 1 1 1
8	3 2 2
9	4 2 2
10	5 4
11	3 2 1
12	1 3 1 1 4 2 3
13	1 3 3 1 15
14	2 7 1 4 9
15	4 3 1 4 9
16	2 1 4 9
17	2 1 1 4 6
18	2 2 1 5
19	2 2 1 5
20	3 2 1 5 1 2
21	3 2 1 1 5 2 3
22	3 4 1 1 2 4 7
23	3 2 1 1 3 7
24	4 2 1 2 2 6
25	5 2 1 2 5
26	5 3 4 3
27	3 2 3
28	1 1
29	1
30	1

Row clues (top to bottom):

Row	Clue
1	6
2	5 3
3	5 3 6
4	2 4 7
5	3 5 2 4
6	5 3 3
7	3 3 1
8	3 3
9	2 3
10	3 5
11	2 4 3
12	3 5 3
13	4
14	2 2 2 20
15	2 2 2
16	1 1 1 6
17	1 1 6 1 3
18	2 2 10
19	2 2 11
20	4 12
21	2 7
22	5 6
23	6
24	6 6
25	5 6
26	5 5
27	5 5
28	5 5
29	5 5
30	5 4

해답

NemoNemo Logic Vol. 1

PART A

① 모나리자 I

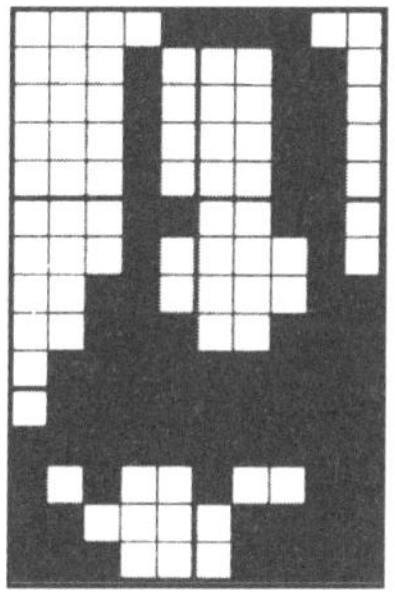

② 작은 말

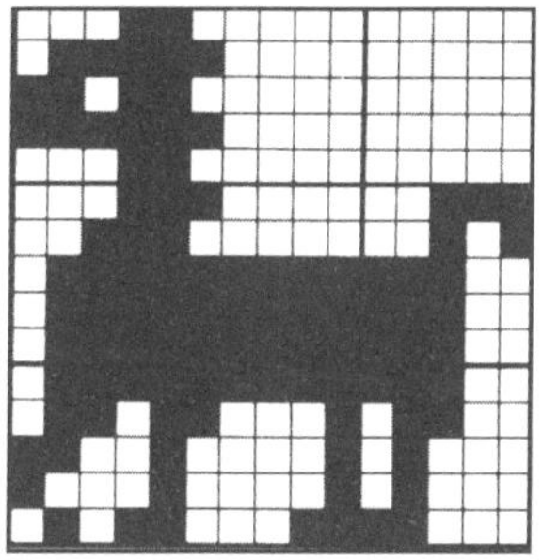

③ 독극물 표시

④ 딸기

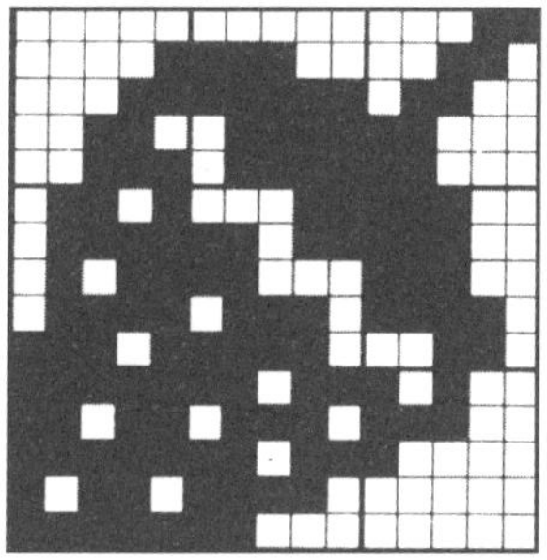

⑤ 지하철 역무원

⑥ 달

⑦ 미녀와 부채

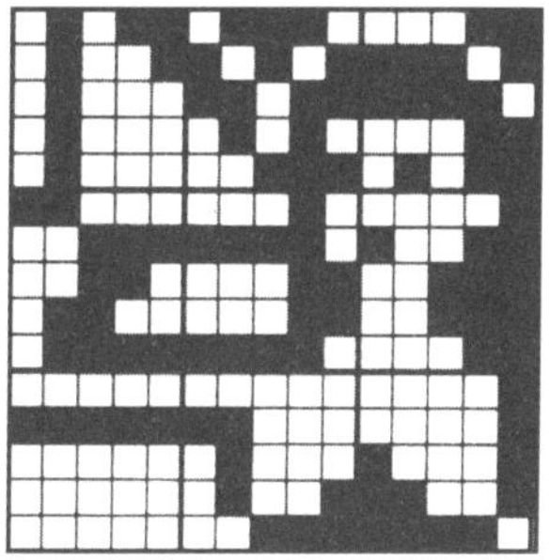

⑧ 올빼미

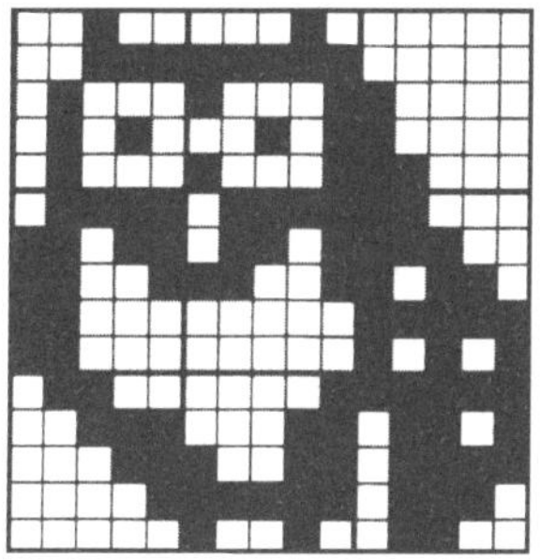

⑨ 촛불

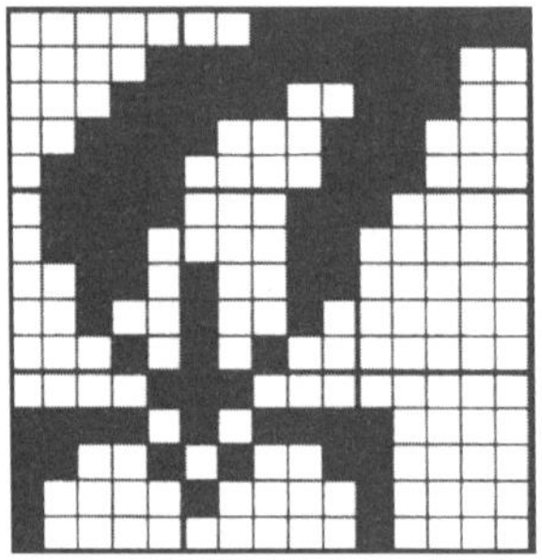

⑩ 한자

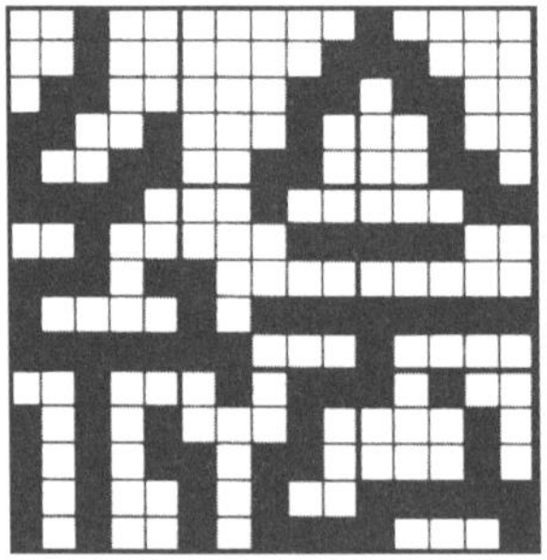

⑪ 진공 청소기

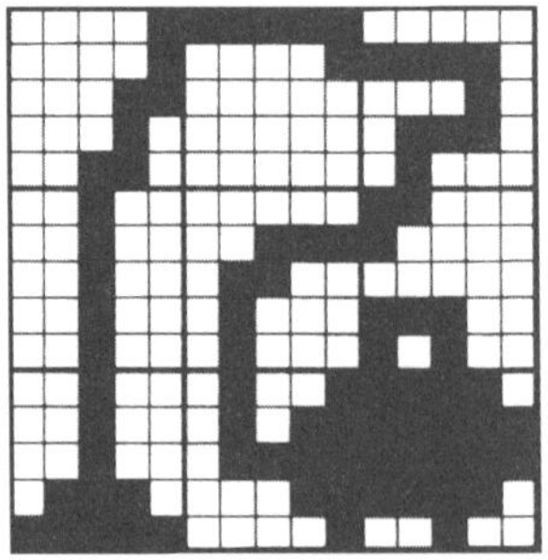

⑫ 패러글라이드

⑬ 삐에로

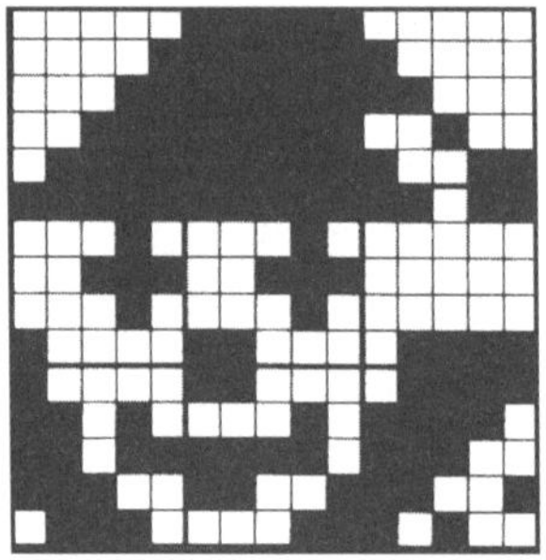

⑭ 모나리자 II

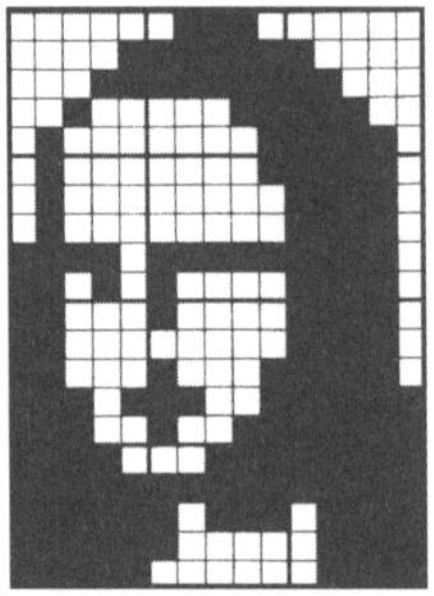

⑮ 램프

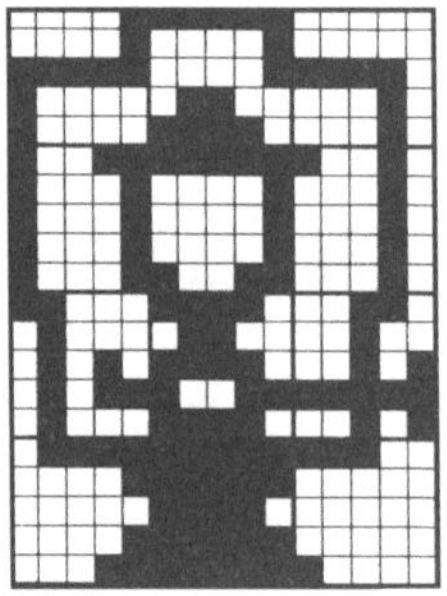

PART 8

16 MVP 33

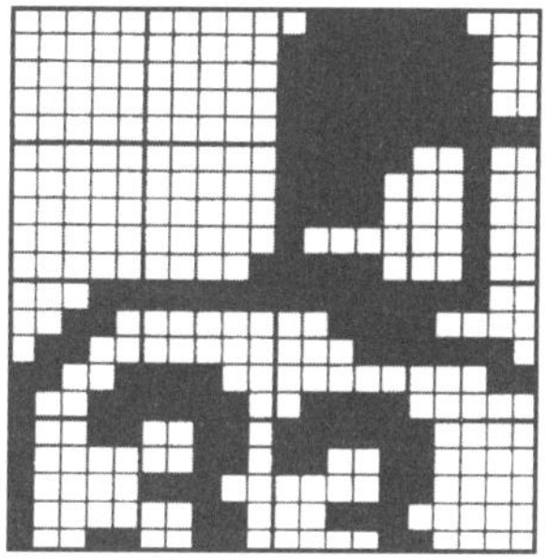

17 단발머리 소녀

18 익룡

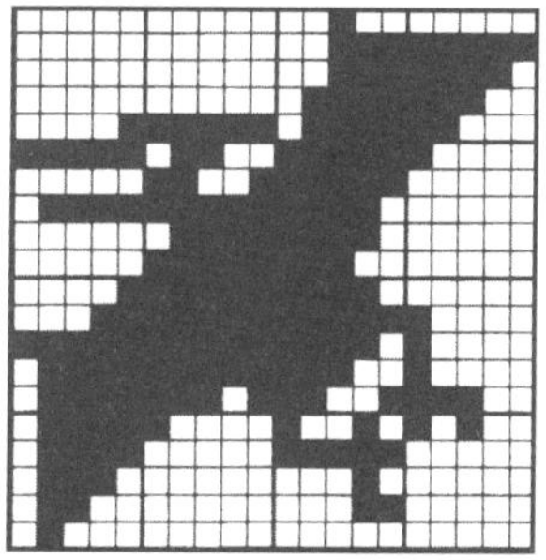

19 미소띤 어린이

20 펭귄 I

21 주전자와 차잔

22 수탉

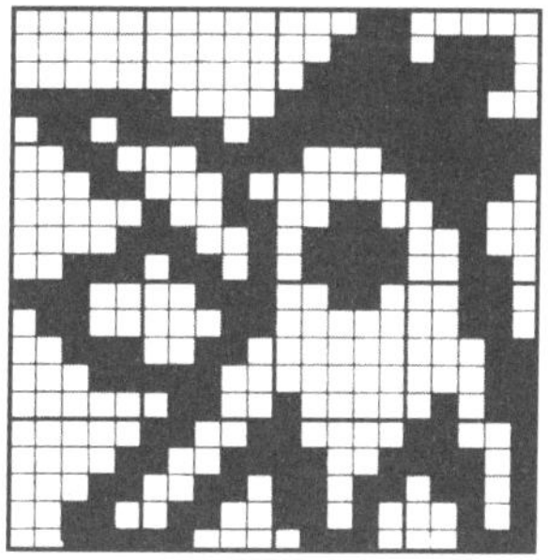

23 다정한 한쌍의 고양이

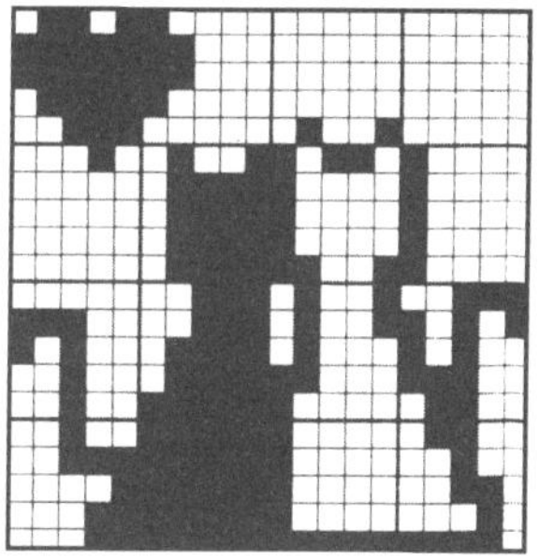

24 가위

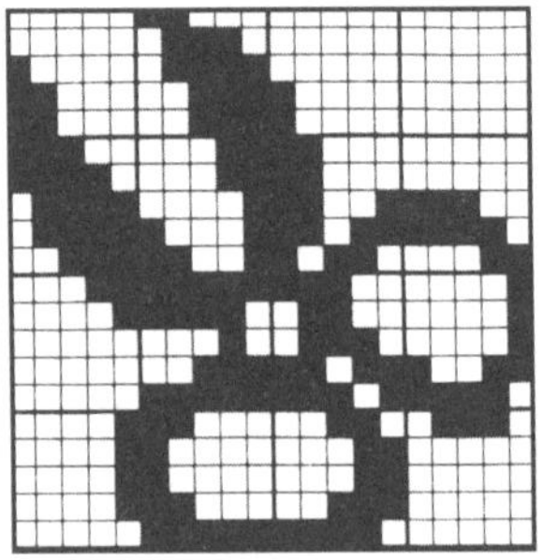

25 긴의자

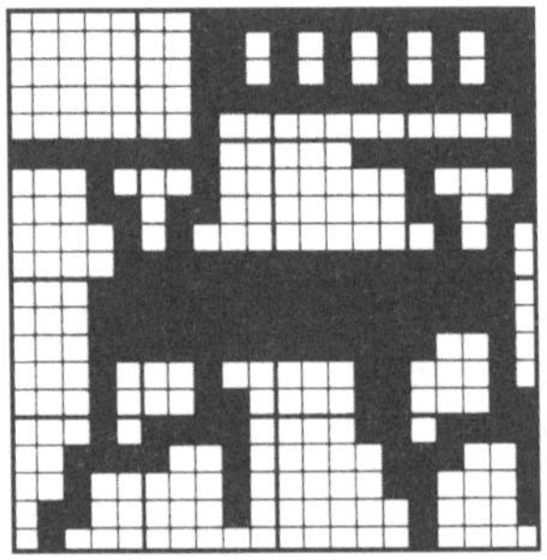

26 공룡(티라노사우르스)

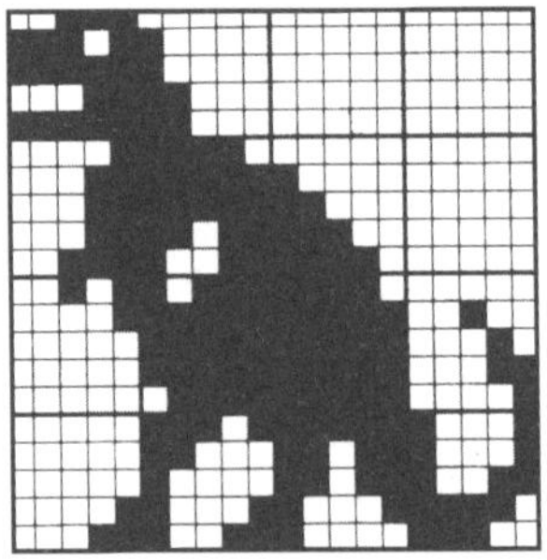

27 구급차

28 트럼프마크

29 깡통로봇

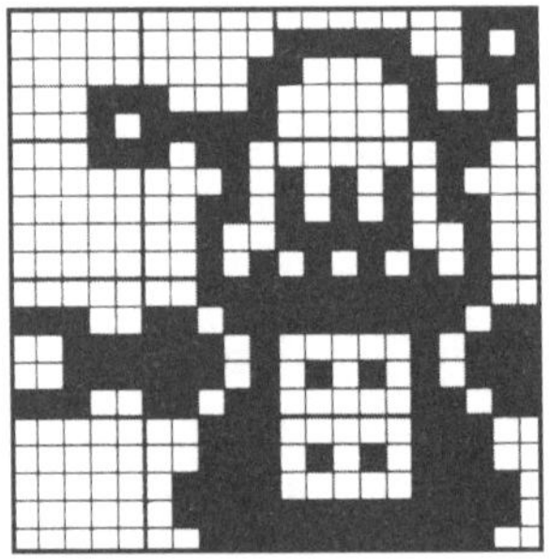

30 5엔짜리 동전

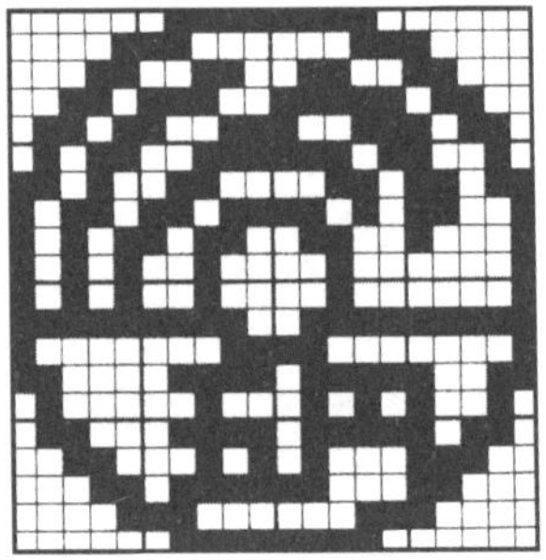

31 생맥주잔

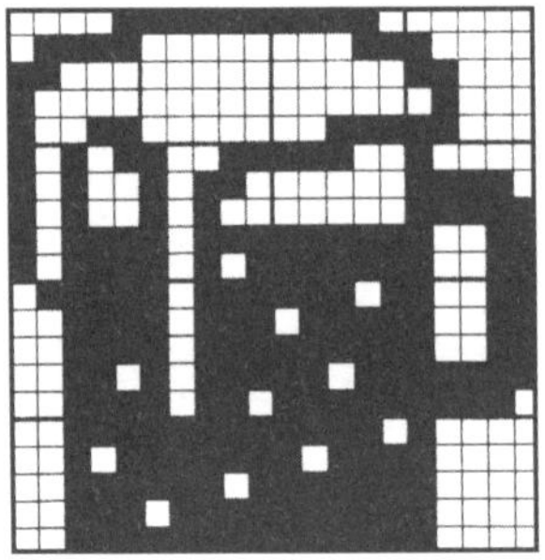

32 배트맨

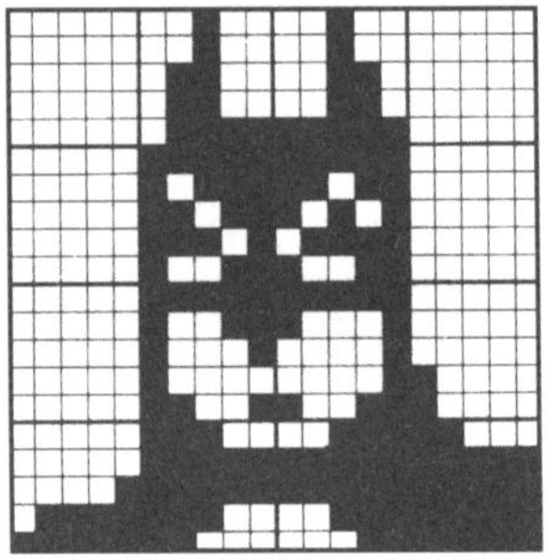

33 무당벌레

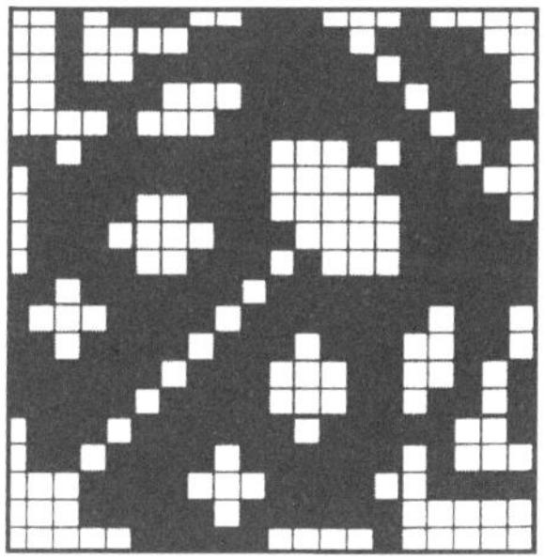

34 헬리콥터

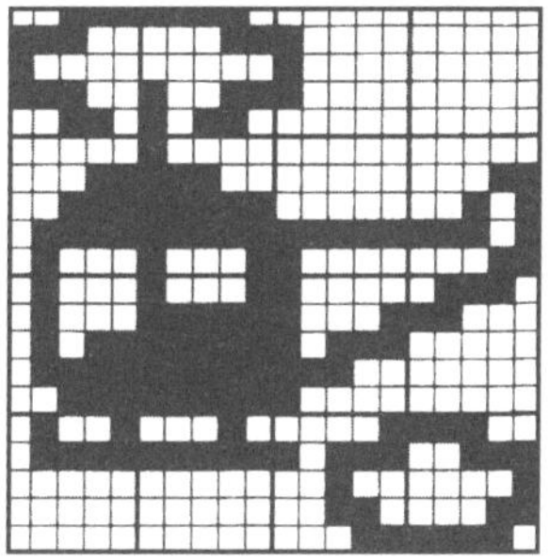

35 로보캅

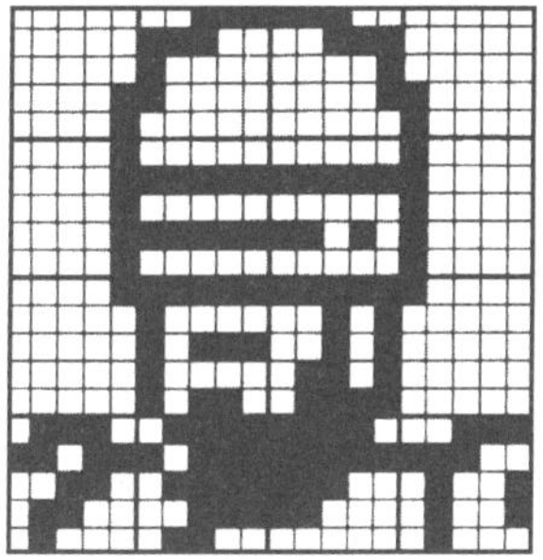

36 꽃게

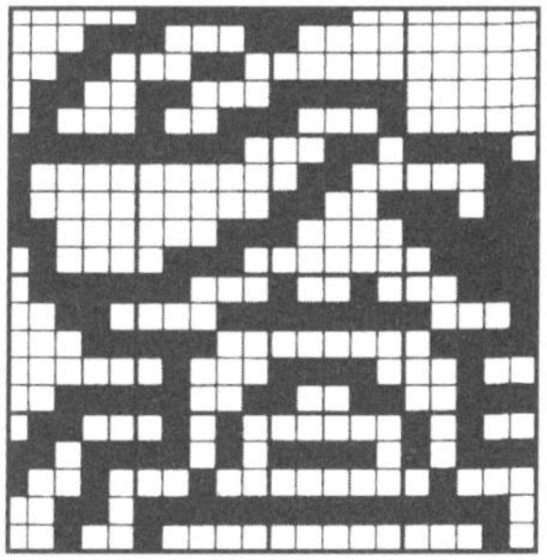

37 주니어 축구

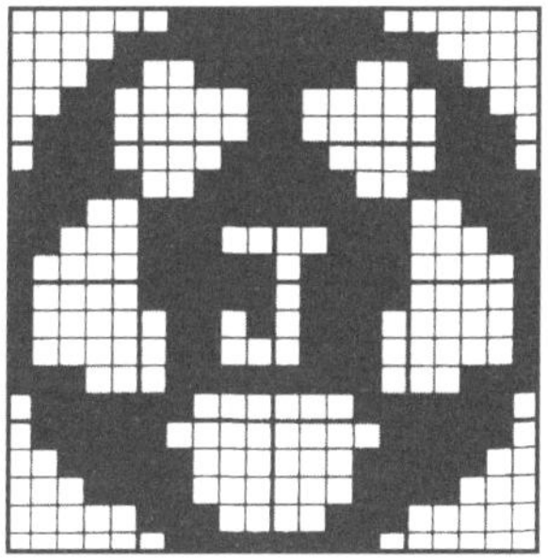

38 고양이

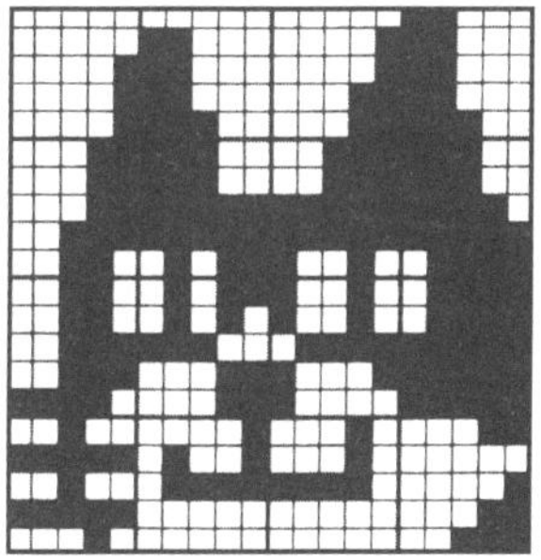

39 1942

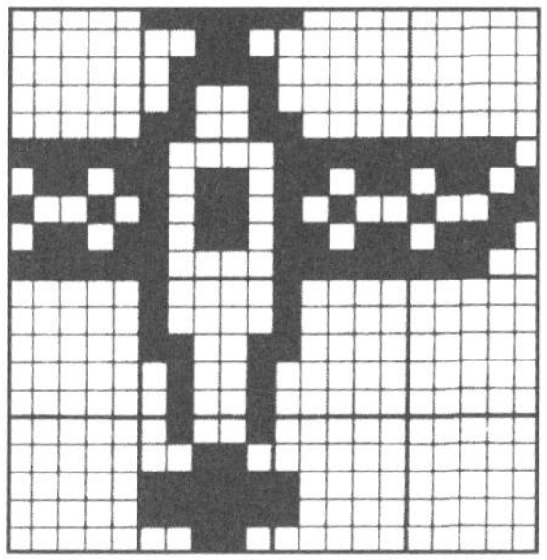

40 후세인

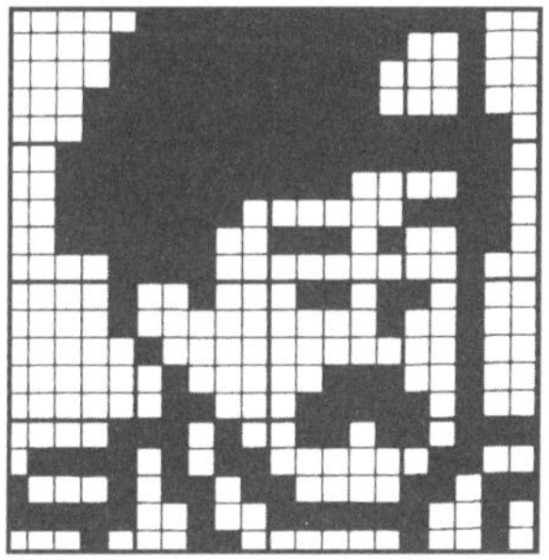

41 미로찾기

42 애꾸눈 잭

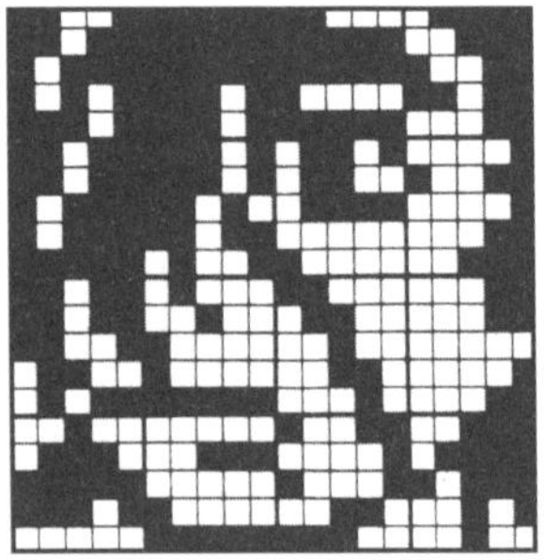

43 밤비

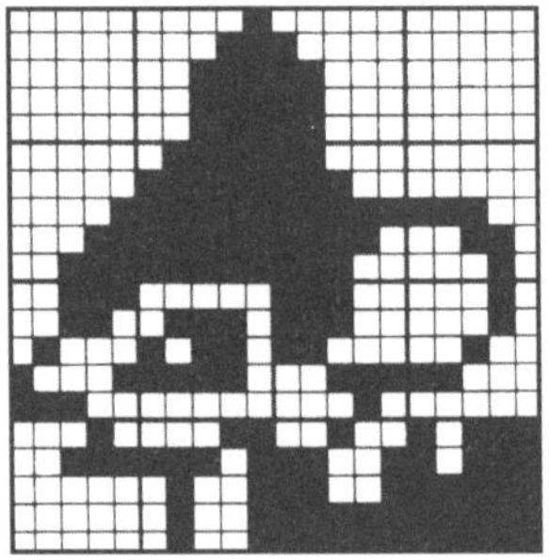

44 전갈

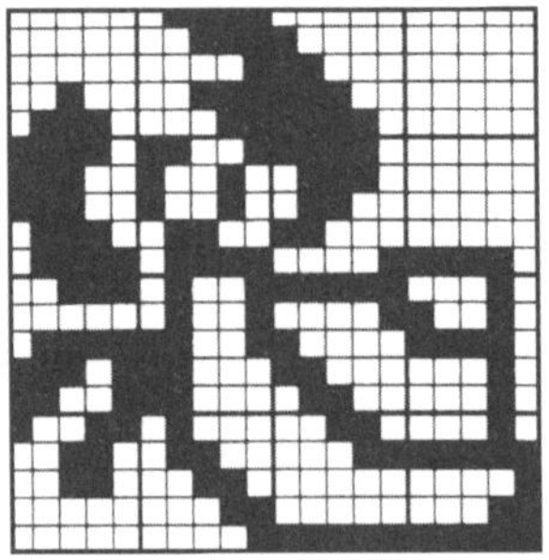

45 아이스크림

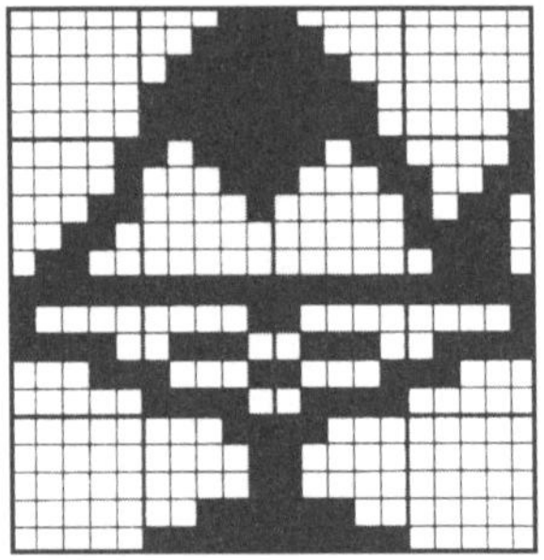

46 고양이 톰

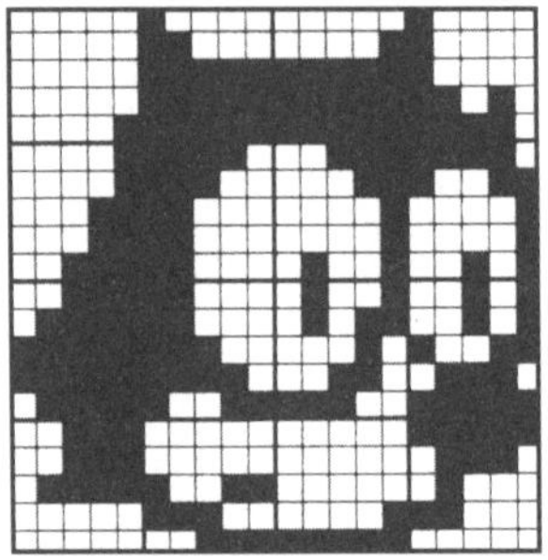

47 개미

48 브론토사우르스

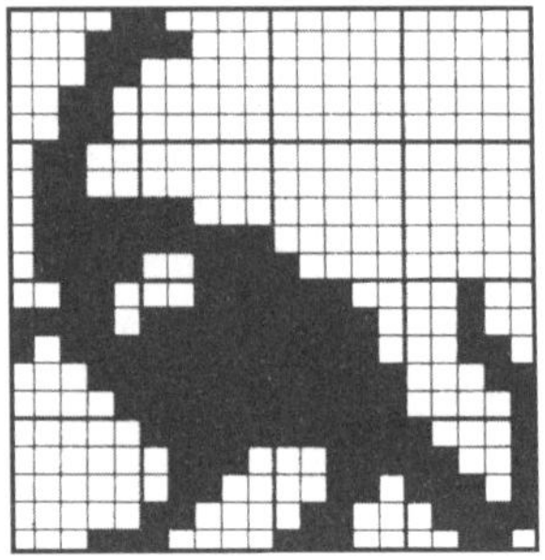

49 청개구리

50 터미네이터

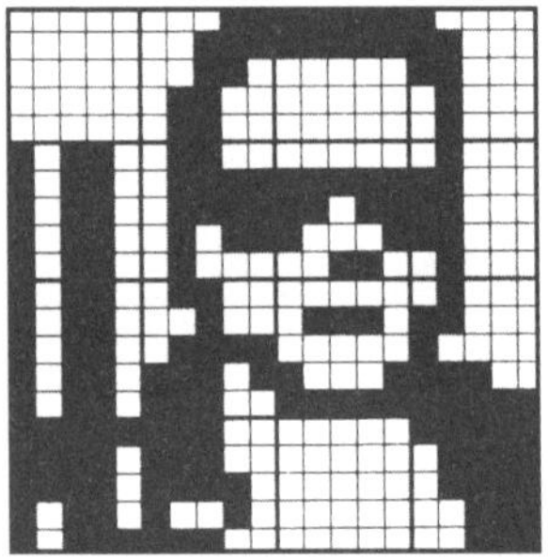

PART C

51 공룡

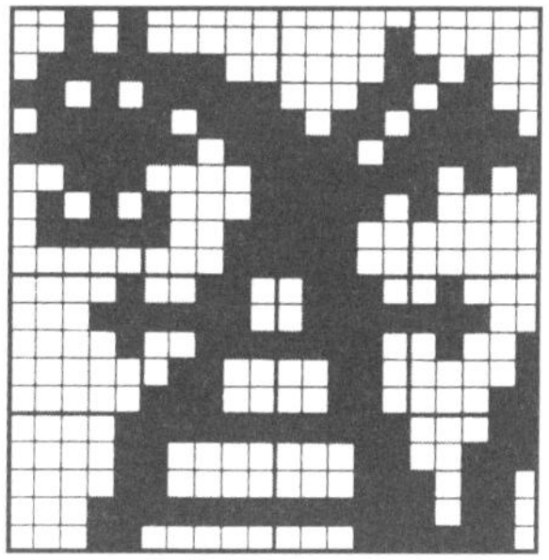

52 해바라기

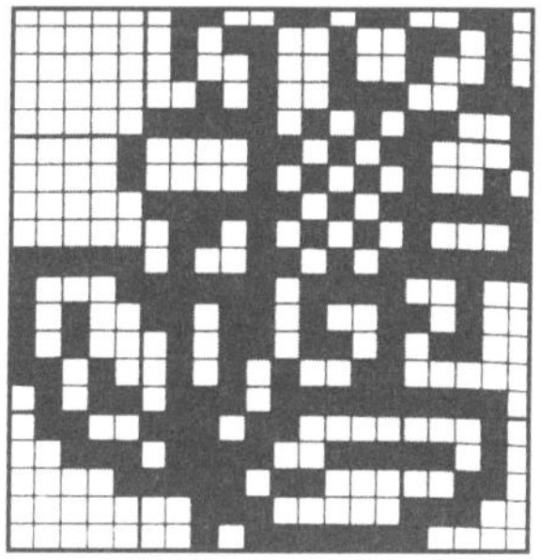

53 꿀벌

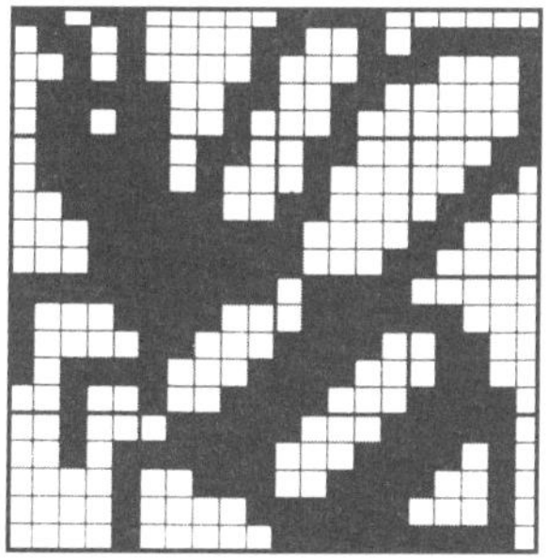

54 후지산

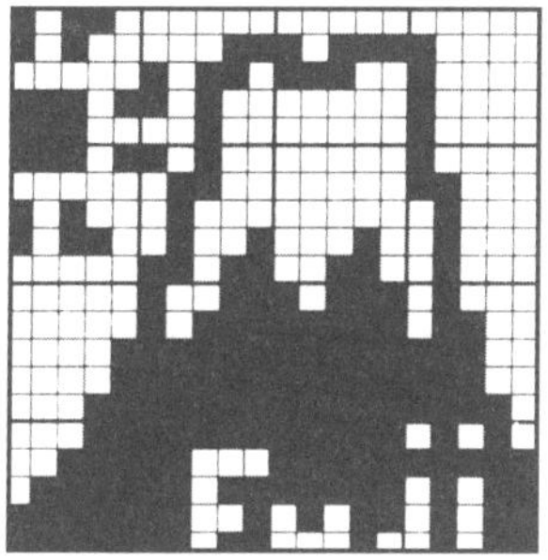

55 수탉II

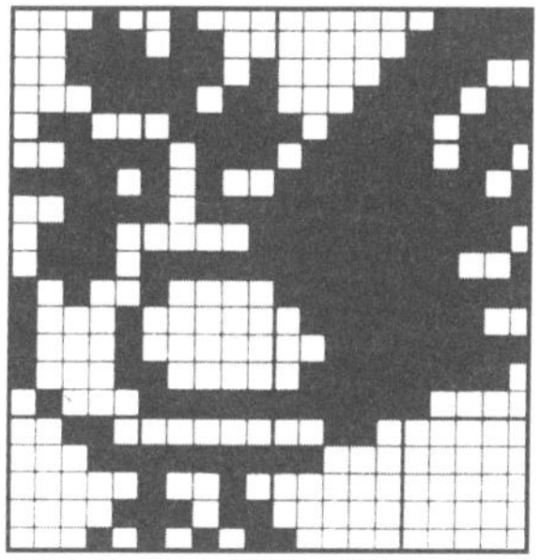

56 순찰차

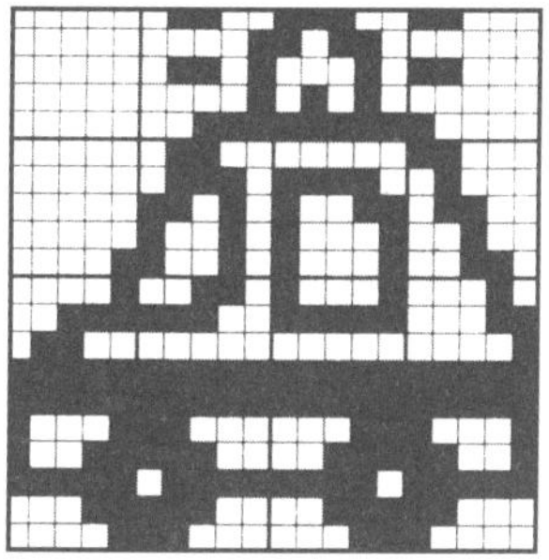

57 가재

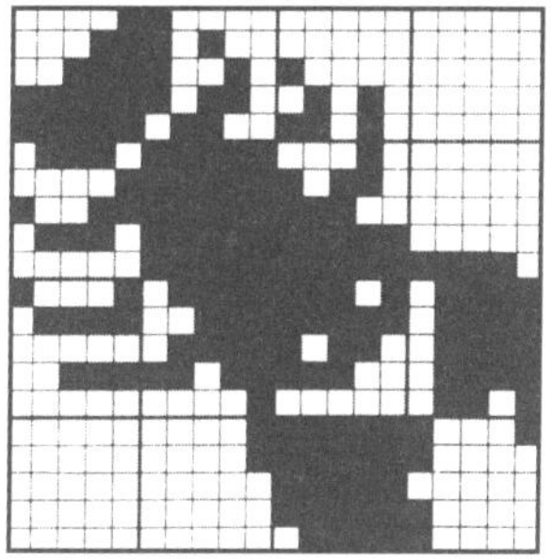

58 원시소년 토시

59 딱따구리

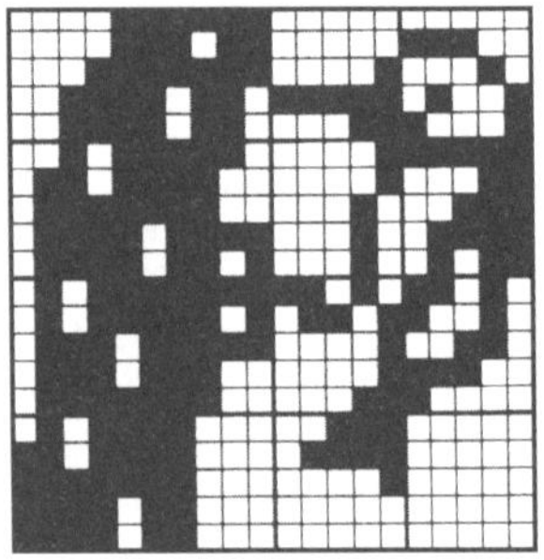

60 성냥

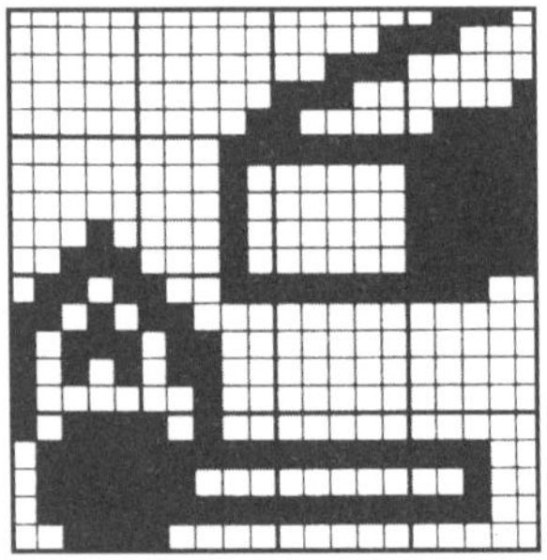

61 파이프와 신사

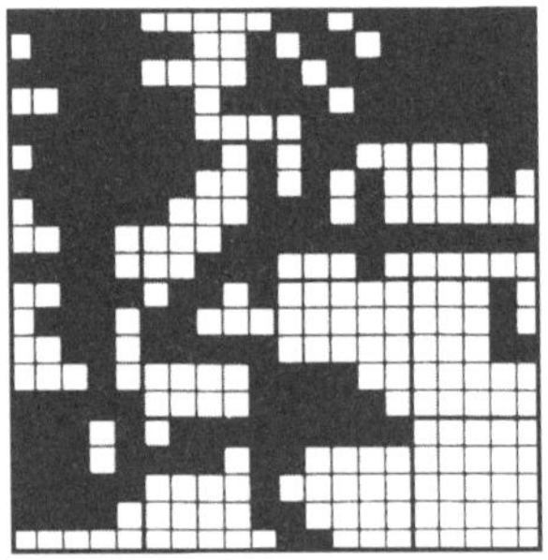

62 문주란

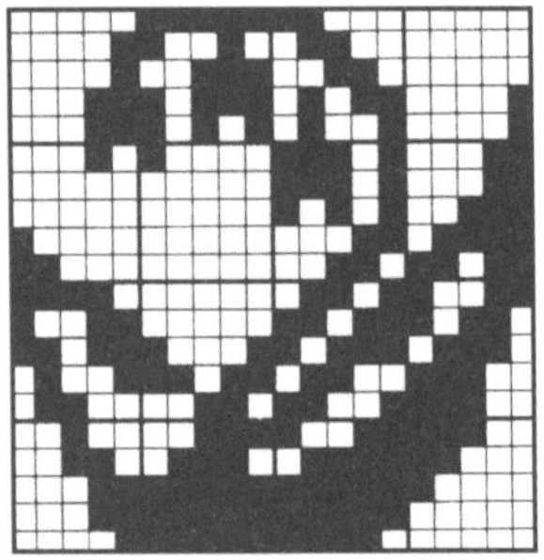

63 앵무새

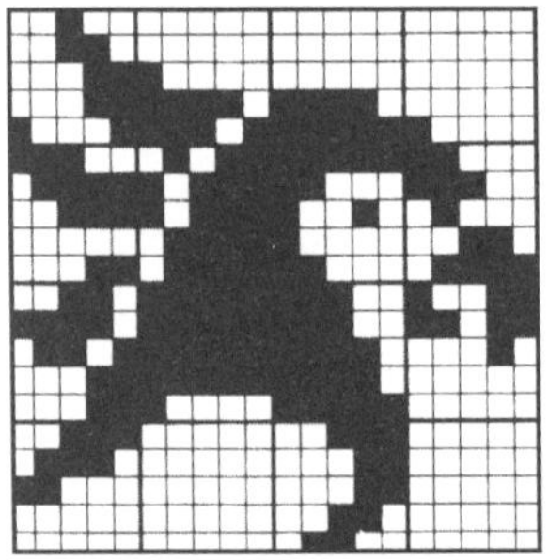

64 악보

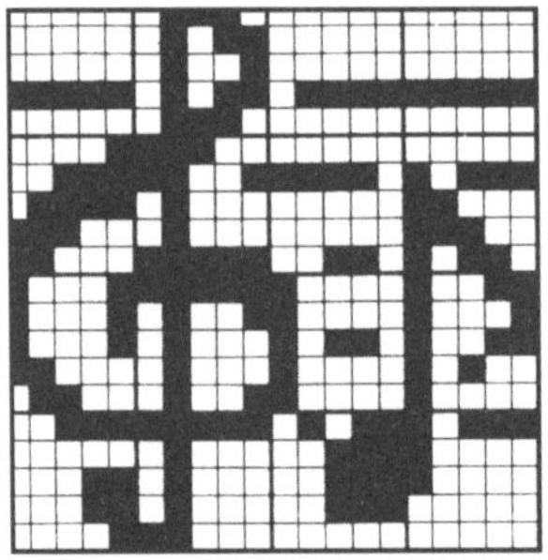

65 트랙터

66 뚱녀 치어걸

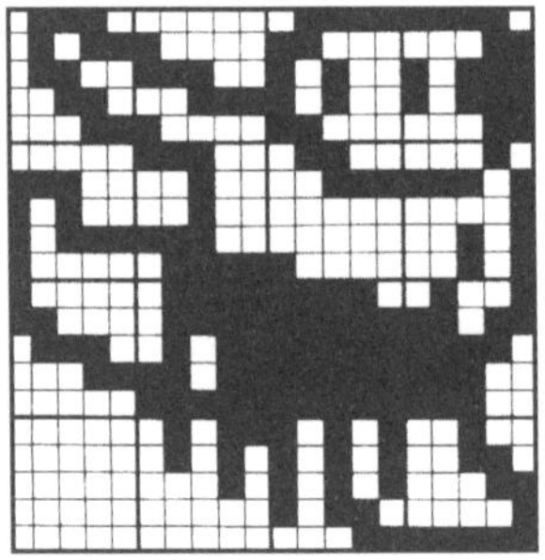

67 오뎅

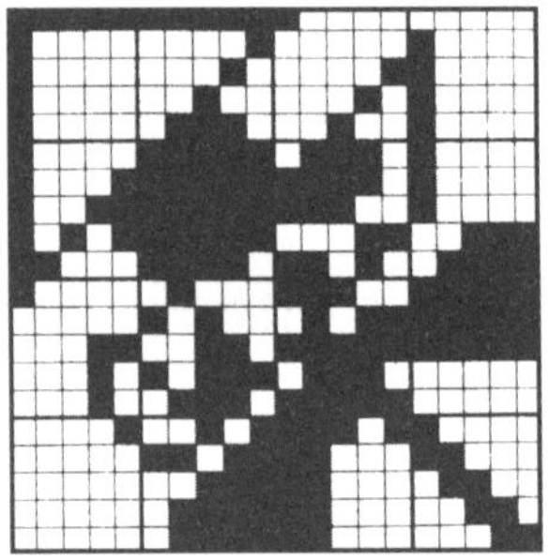

68 공주님

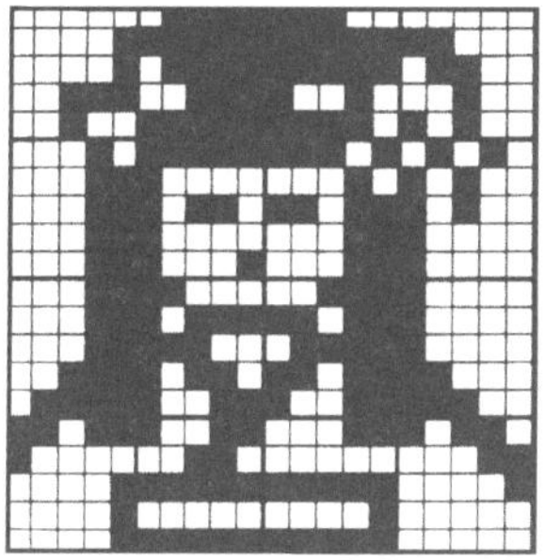

69 눈사람

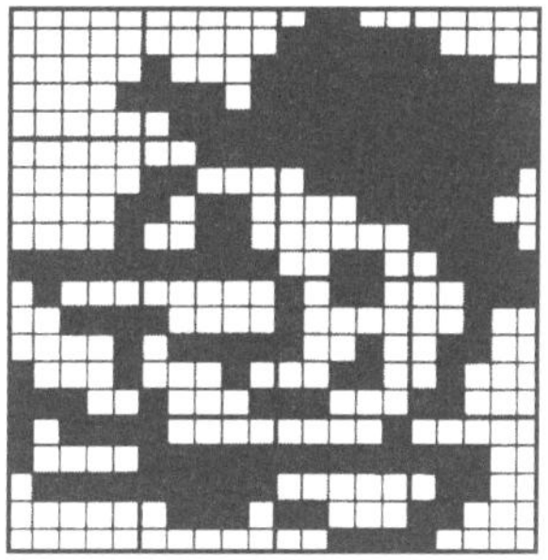

70 광어

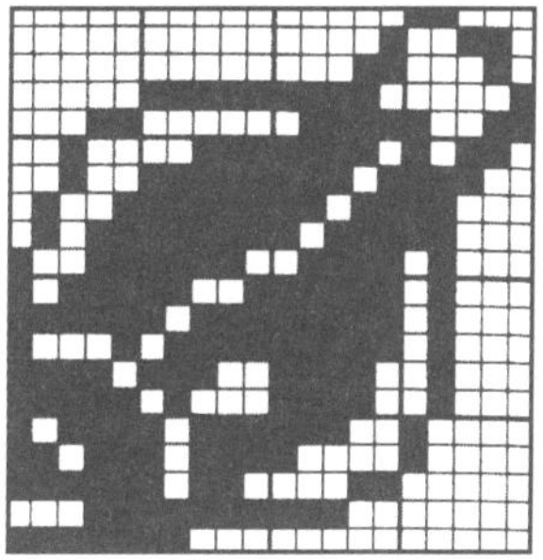

71 아기 펭귄

72 꽃과 화분

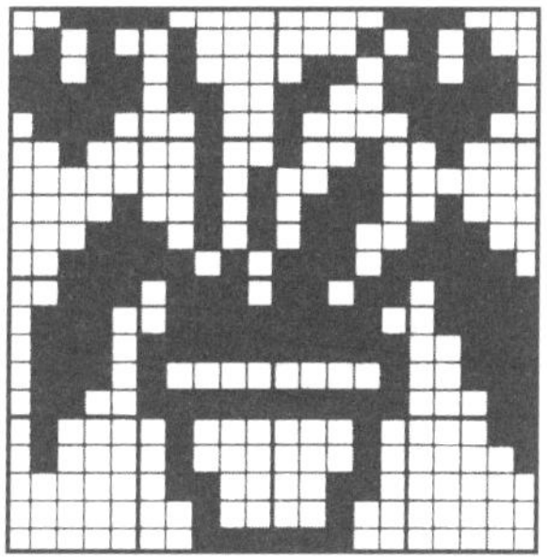

73 체스의 말

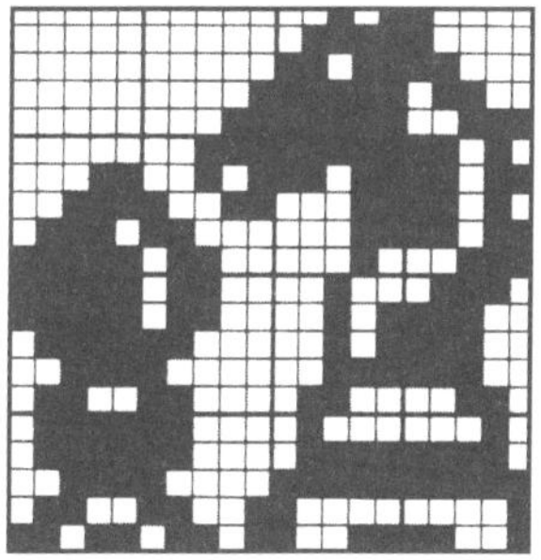

74 닌자 거북이

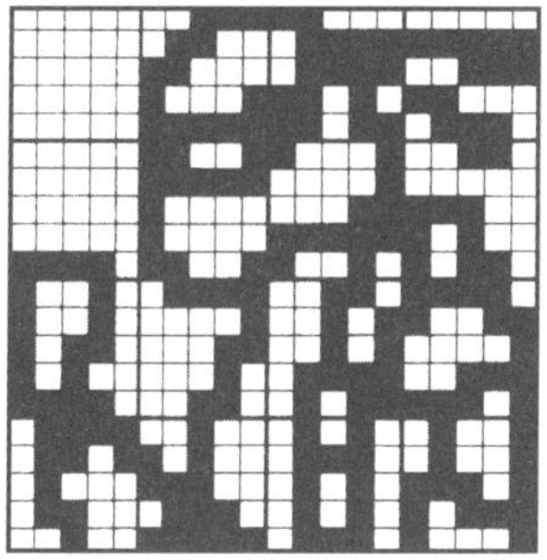

75 독수리

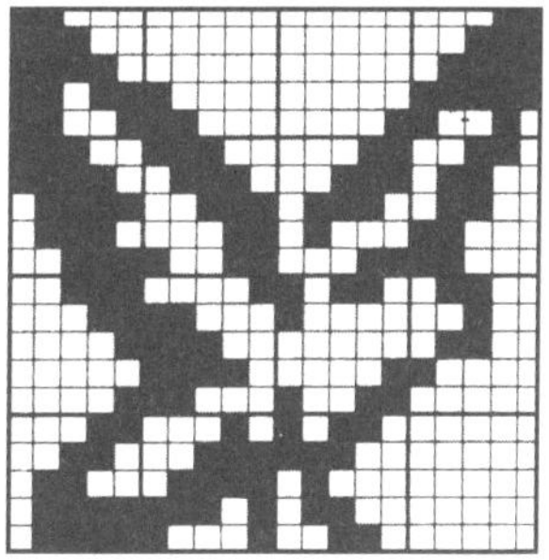

76 풍향지시기

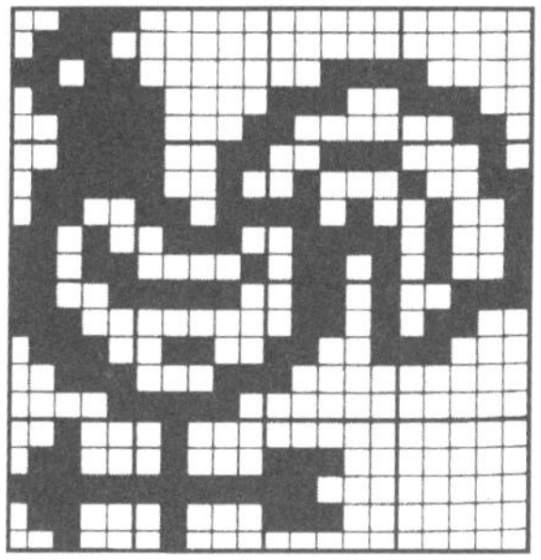

77 찡그린 얼굴

78 볼링

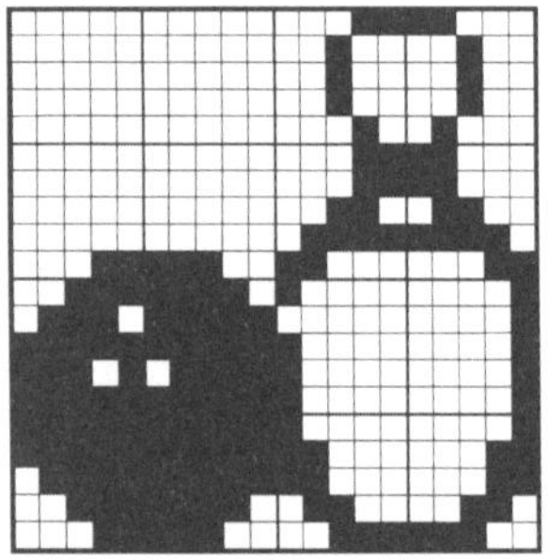

79 산타클로스

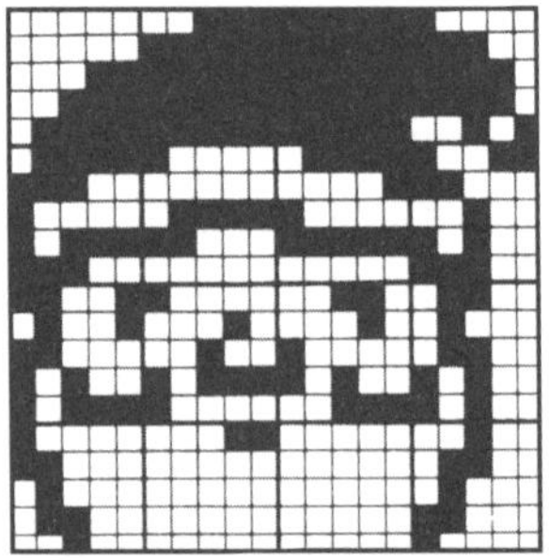

80 사마귀

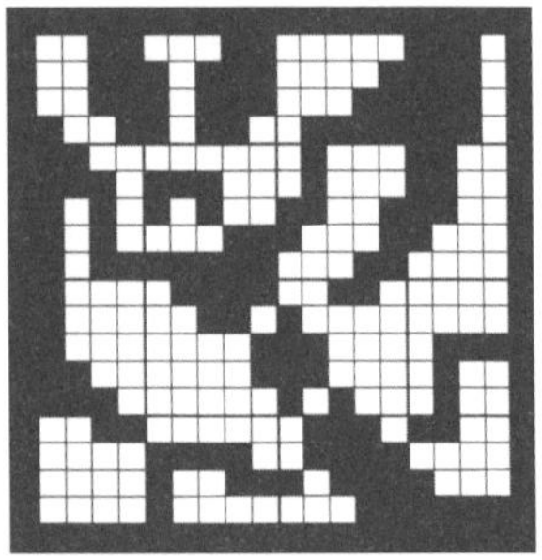

81 암흑가의 남자

82 트리케라토프스

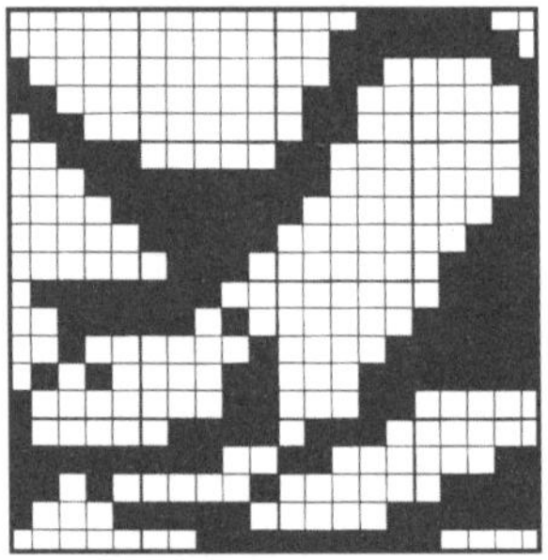

83 KFC 아저씨

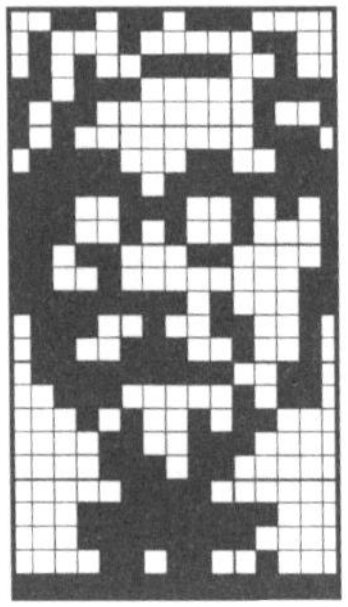

84 자동차

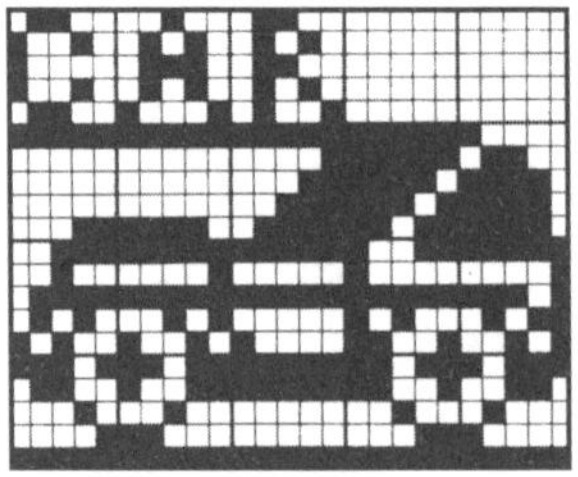

85 럭비선수

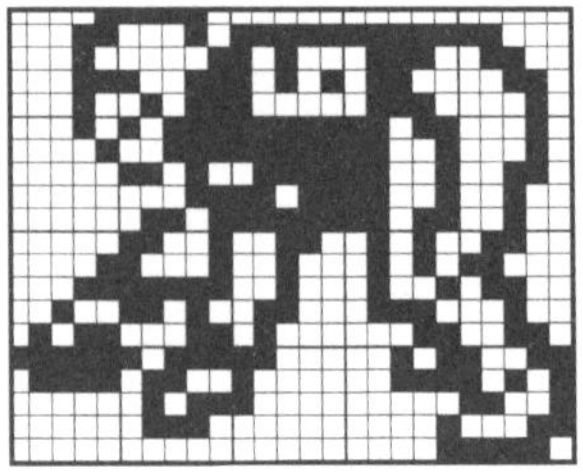

PART D

86 슈퍼마리오

87 준마

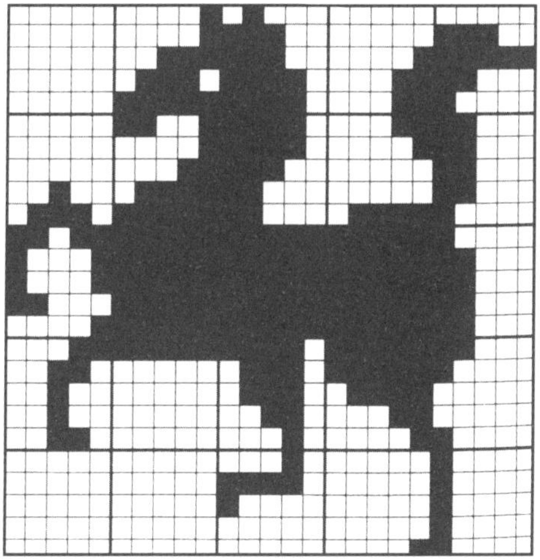

88 세균맨

89 청포

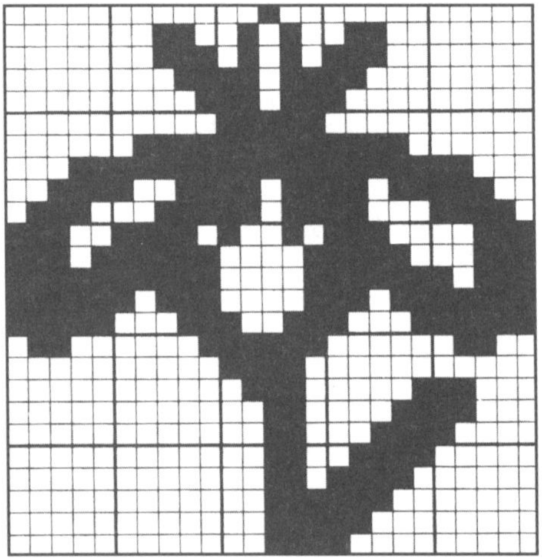

90 달팽이

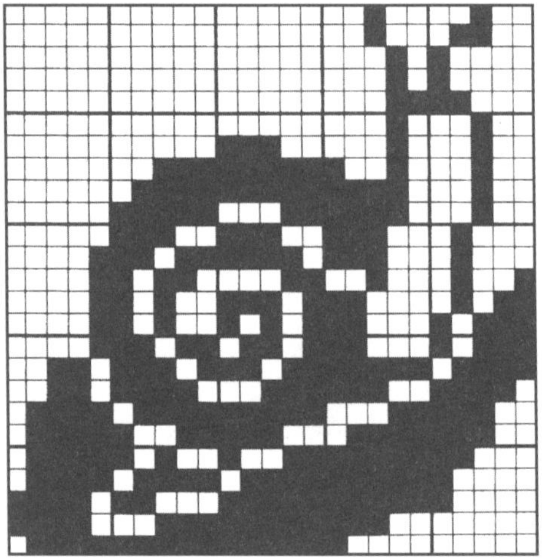

91 안마운동

92 풍뎅이

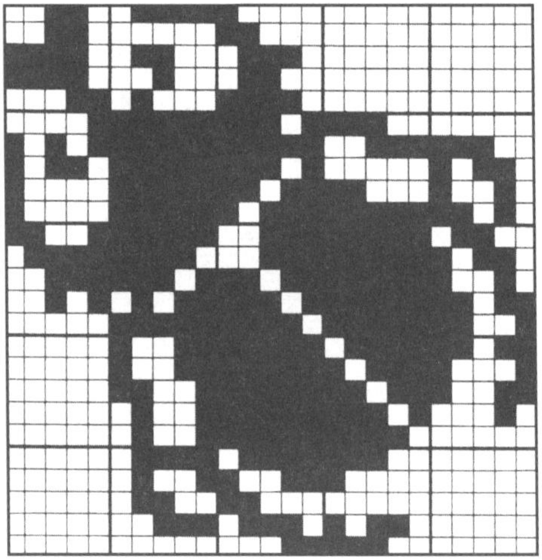

93 양치기 소년과 양

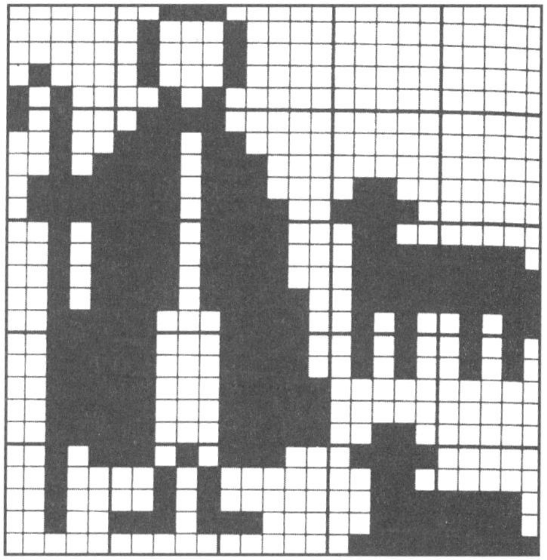

94 소녀와 노파

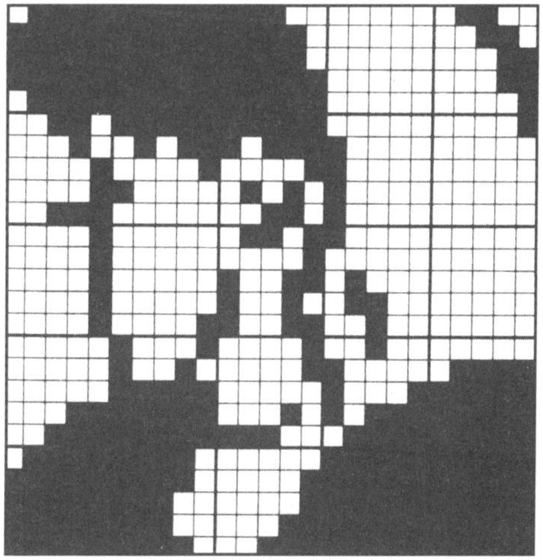

95 울부짖는 동자몽

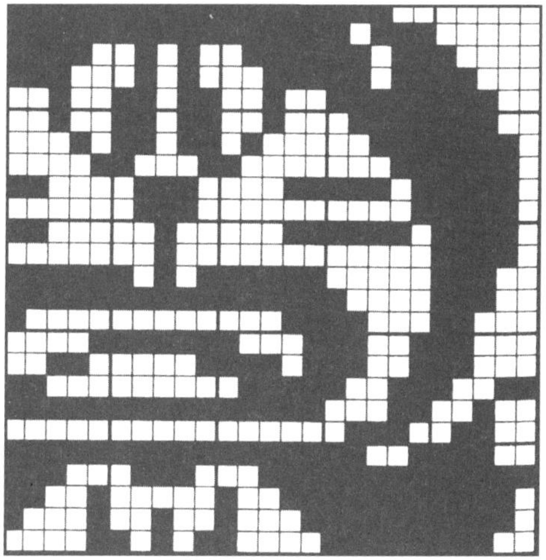

96 신델렐라와 유리구두

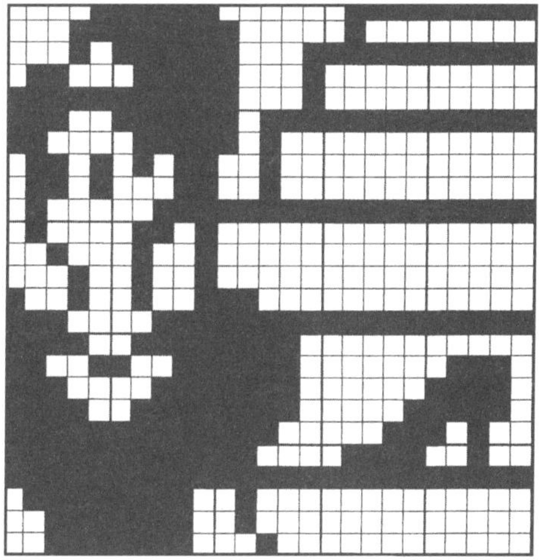

97 스누피의 일광욕

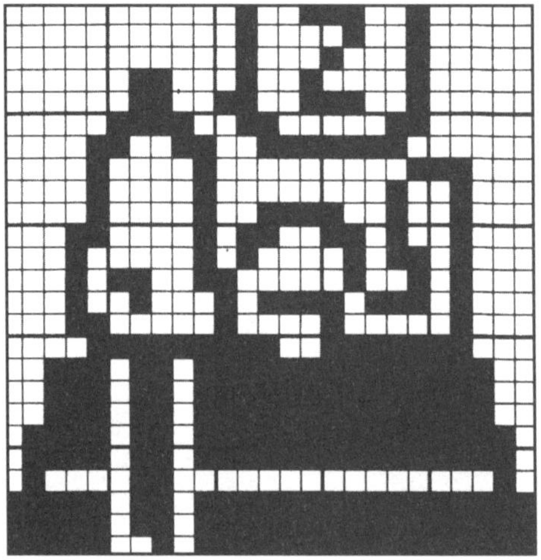

98 관람차(전망롤러)

99 손오공

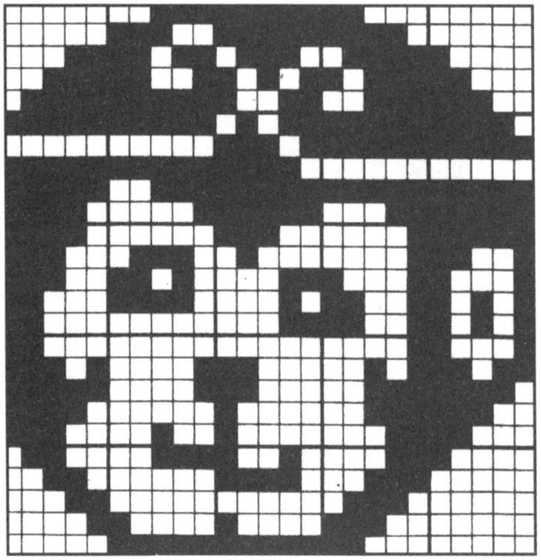

100 집념의 혼다

101 인어공주와 물고기

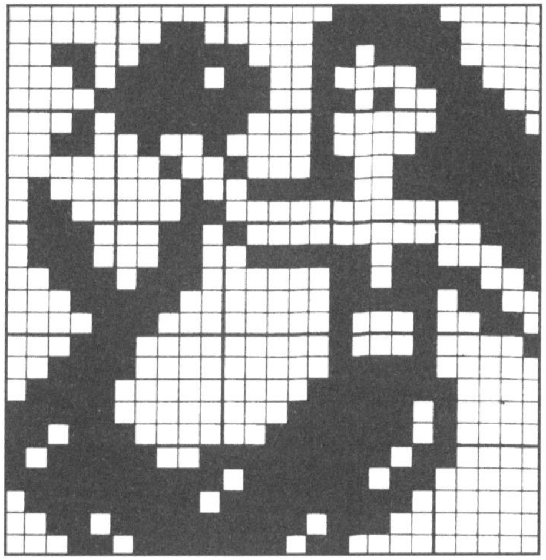

102 내 사랑 올리버

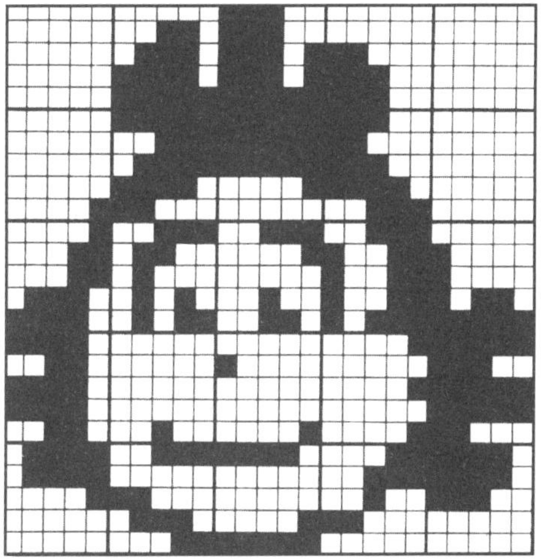

103 요정

104 타조

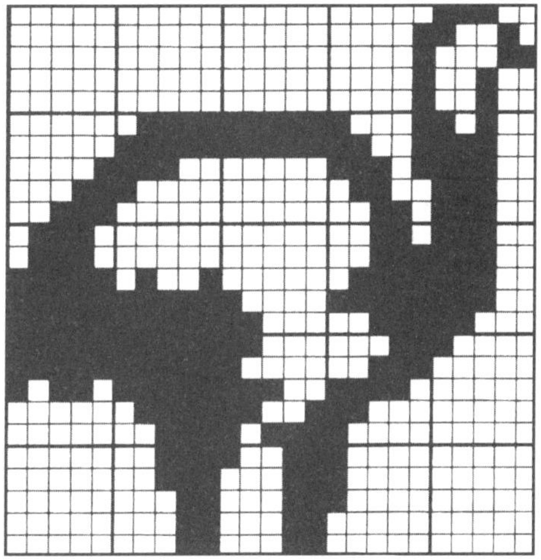

105 ET

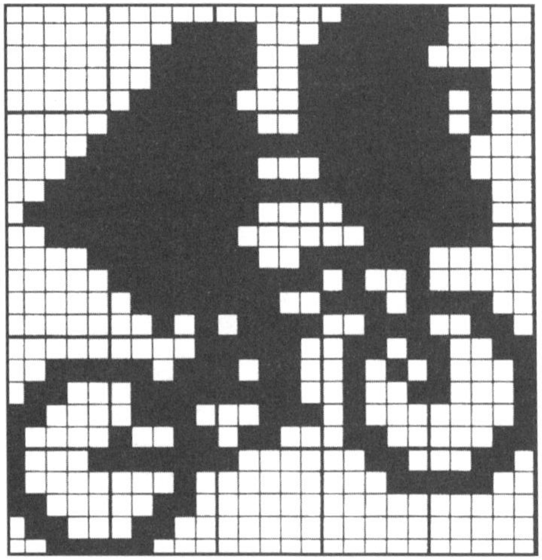

106 개미

107 아기돼지 꼬꼬

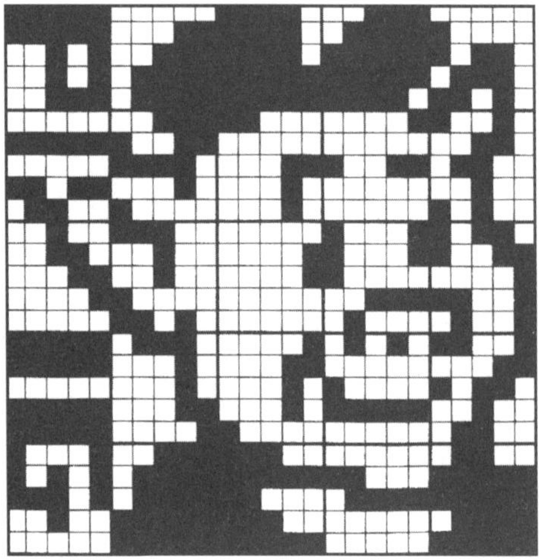

108 축음기

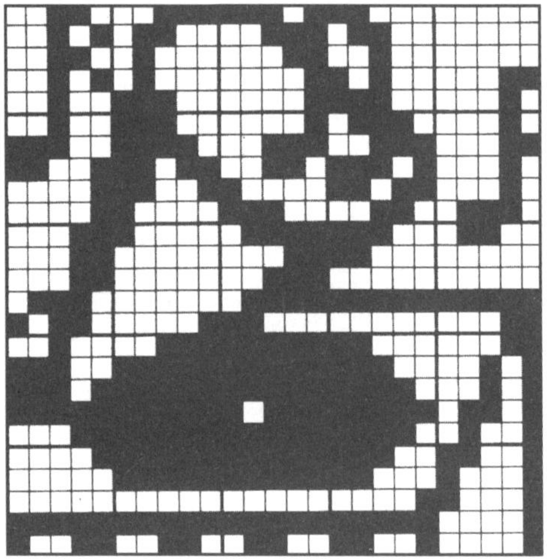

109 백설공주와 마녀

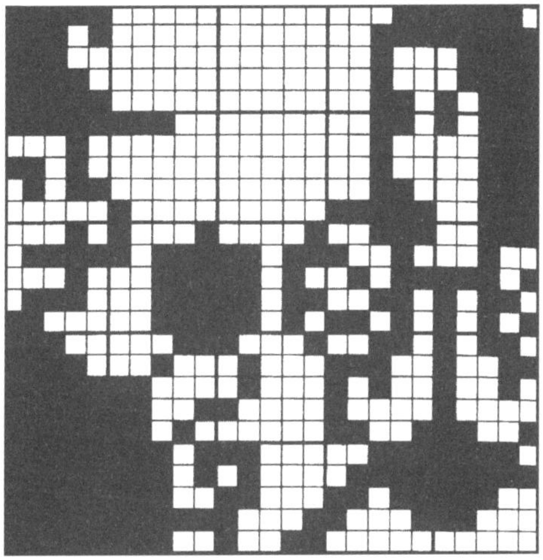

110 돌고래

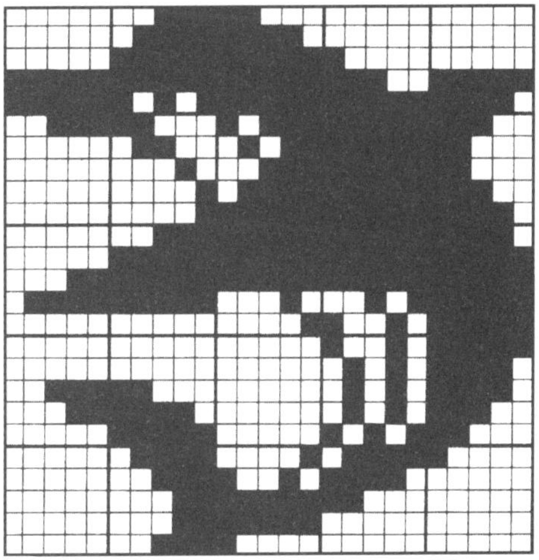

111 울고 있는 삐에로

112 나팔꽃

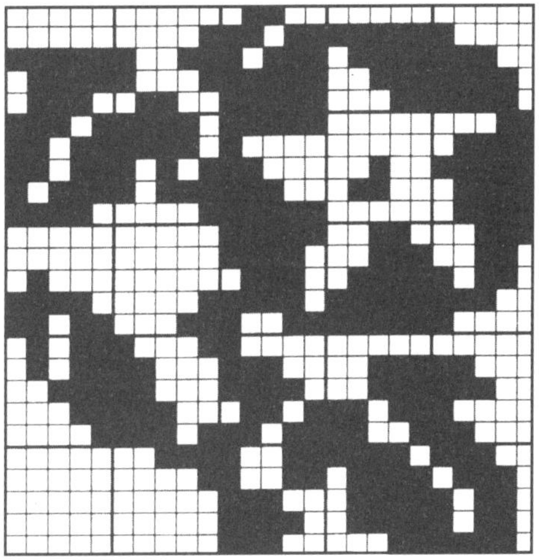

113 멍멍이 I

114 댄스

115 수영

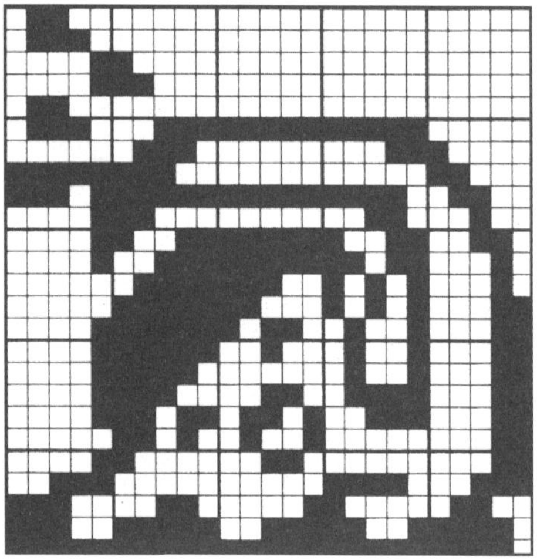

116 명마

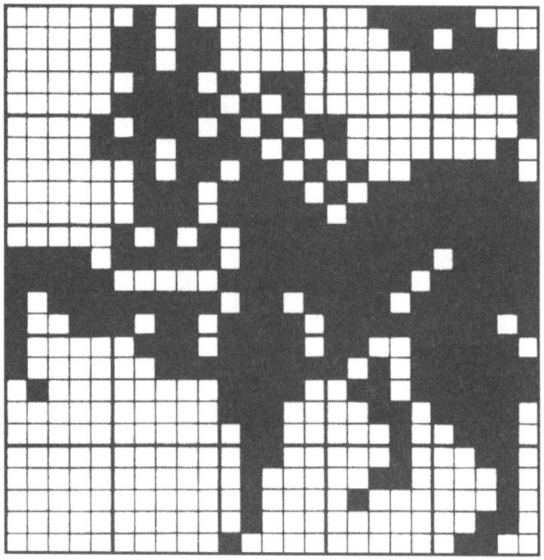

117 그랑프리 F1

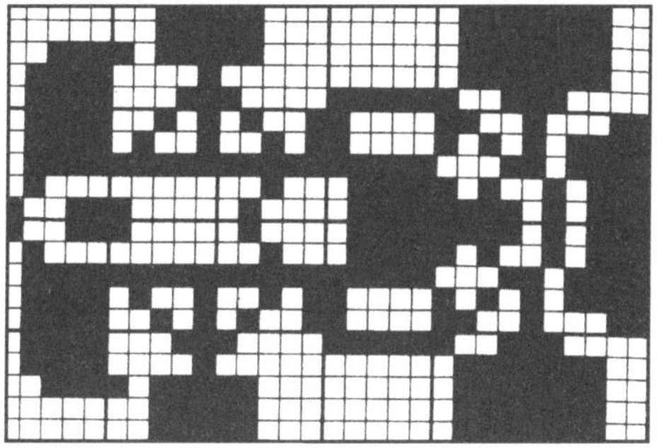

118 장미

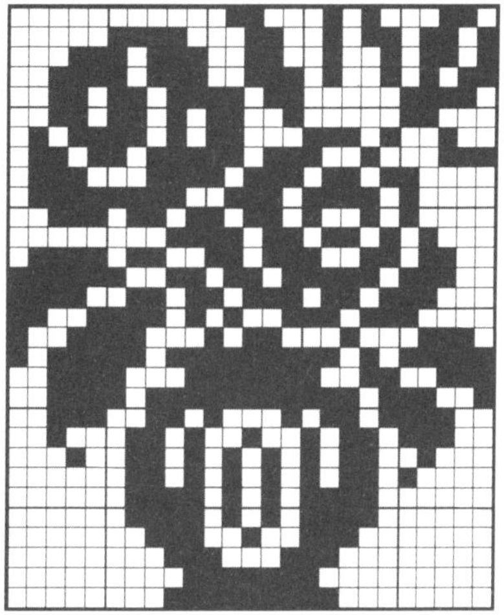

119 바니걸

120 멍멍이 II

121 남국의 소녀

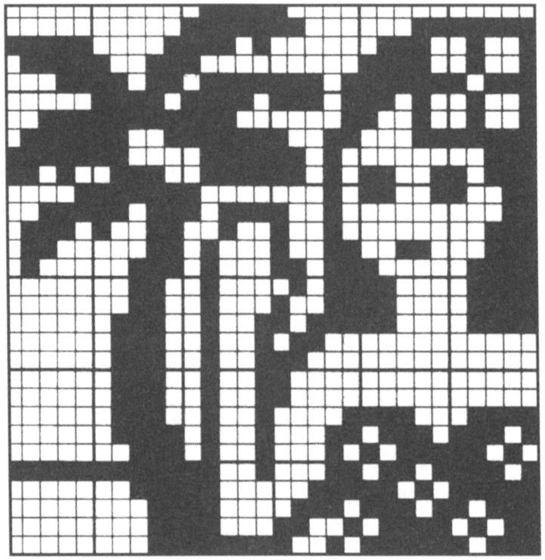

122 너구리

123 배구

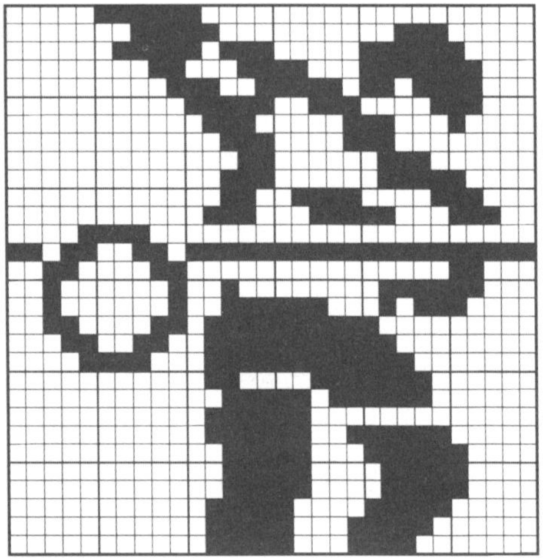

워밍업 문제

촛불

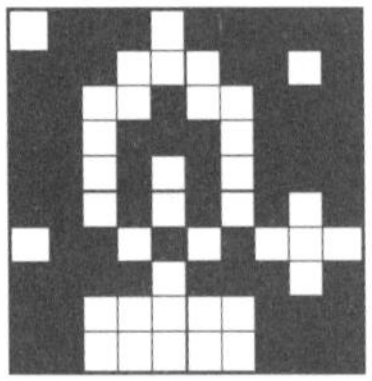

리본

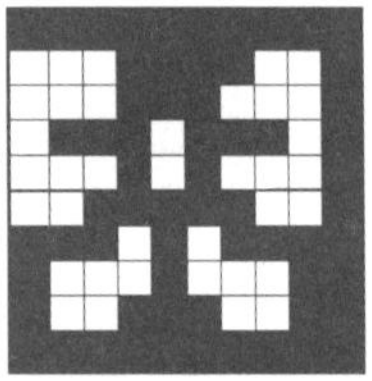

초승달

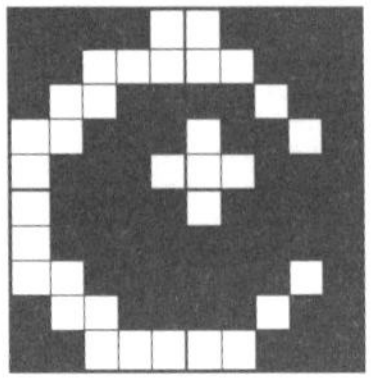

입술

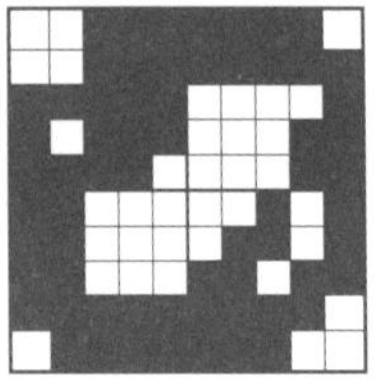

작가 소개

➔ 테츠야 니시오

나는 술만큼이나 네모네모를 좋아한다. 한때 네모네모작가의 합숙소 소장직을 맡은 적이 있는데, 그때는 그들을 격려하기도 하고 질타하기도 하는 많은 시간을 같이 보면서 초보 네모네모작가들의 노고를 누구보다도 잘 알게 되었다. 본지의 작품에 응모해 준 전국의 많은 퍼즐 애호가들에게 이번 지면을 빌어서 고맙게 생각한다.

➔ 스기모토

편집인이지만, 본지에는 3작품만 실었다. 바쁜 일과에 쫓기다 보니 좀처럼 시간을 낼 수 없어 안타깝다.

➔ 야스마고

거울을 사용해서 2m 거리를 두고 그림을 자세히 살펴보는 것이 중요하다. 무엇이 보이는가 아들에게 확인을 받고 있는데, 첫 작품인 [앙팡맨]은 대단히 호응이 좋았다. 다른사람이 즐거워 하는 퍼즐을 만다는 것은 역시 즐거운 일이다.

➔ 츠나이구치

올봄에 별탈 없이 6년간의 대학생활을 마치고, 훌륭한 전문 네모네모 작가가 되었다고 생각한다.(?) 사실 네모네모를 만드는 것이 대단히 어렵다. 모 편집자로부터 "당신은 그림에 대한 감각이 좀 족한 것 같애"라는 말을 들은 적이 있다.

➔ 이시가와

유치원, 초증학교부터 수년 동안 열심히 그림을 그렸다. 열심히 만든다고 했지만, 완성된 그림은 엉뚱한 그림이 되곤한다. 아직 부족한 점이 많다. 107번을 비만형의 톰이라고 착각하지 마세요! 저는 돼지를 그린 것이라고요!

➔ 마스오

월간지 [크로스 월드 팬]의 표지그림을 그리고 있으며, 이 책에 저명한 네모네모 작가들의 작품과 내 작품이 함께 실리게 된 것을 대단히 기쁘게 생각한다. 지금은 만드는 것보다 네모네모를 푸는 것이 훨씬 재미 있다고 생각한다.

➔ 사카이

마침내 나도 네모네모 98개를 소유한 유저가 되었다. 이 작품들을 소프트에 담아 놓았으면 좋겠다고 생각하지만, 좀체로 훌륭한 컴퓨터가 아직 나와 있지 않아 안타깝다. 실제로 사용하는 것은 언제쯤일까?

➔ 미야자키

화려한 [팬 네임]을 동경했지만, 어느 사이에 본명으로 활동하고 있으며, 희망은 아주 어려우면서도 질리지 않는 네모네모를 만드는 것이다. 취미는 연극감상.

네모네모로직 VOL.1

초판 1쇄 펴냄 : 1994년 4월 15일
개정판 1쇄 펴냄 : 2007년 5월 23일
개정판 100쇄 펴냄 : 2024년 5월 8일

편 저 : 테츠야 니시오
발 행 인 : 서인석
발 행 처 : 제우미디어
등 록 일 : 1992. 8. 17
등록번호 : 제 3-429호
주 소 : 서울시 마포구 독막로 76-1 한주빌딩 5층
전 화 : 02) 3142-6845
팩 스 : 02) 3142-0075

I S B N : 978-89-5952-083-1
978-89-90886-83-5(세트)

※ 값은 뒤표지에 있습니다.
※ 파본은 구입하신 서점에서 교환해 드립니다.